böhlau

Lebenswelten osteuropäischer Juden

Erinnerung an die Lebenswelten osteuropäischer Juden, an ihre Geschichte und Kultur, ist eine Erfahrung des Leidens, aber auch des Selbstbewusstseins und der Kraft. Mit den Arbeiten dieser Reihe – wissenschaftlichen Forschungen, Neuausgaben bedeutender älterer Beiträge und Quelleneditionen – sollen Lebensverhältnisse und Alltag, Werte, Normen und Einstellungen, Denken, Fühlen und Verhalten der Juden ebenso wieder gegenwärtig werden wie das Zusammenleben mit der nichtjüdischen Umwelt und das Einwirken politischer, wirtschaftlicher und gesellschaftlicher Strukturen. In der Auseinandersetzung mit diesen Welten gewinnen wir sie als Teil unserer eigenen Geschichte zurück.

Herausgegeben von
Monica Rüthers, Heiko Haumann, Julia Richers

Band 19

Margot Ringwald – Das Leben

Eine jüdische Geschichte aus Czernowitz

von
Martin Leuenberger

BÖHLAU VERLAG WIEN KÖLN

Gedruckt mit Unterstützung der Berta Hess-Cohn Stiftung, Basel

Die Publikation wurde durch die Stiftung Irène Bollag-Herzheimer, Basel, Jakob und Werner Wyler-Stiftung, Zürich sowie durch die Gemeinde Riehen gefördert.

RIEHEN
LEBENSKULTUR

Umschlagabbildung:
Margot Ringwald, ca. 1950. Foto: Sammlung Margot Ringwald

Korrektorat: Ulrike Weingärtner, Gründau
Einbandgestaltung: Michael Haderer, Wien
Satz: Michael Rauscher, Wien
Druck und Bindung: Hubert & Co. BuchPartner, Göttingen
Gedruckt auf chlor- und säurefreiem Papier
Printed in the EU

Vandenhoeck & Ruprecht Verlage | www.vandenhoeck-ruprecht-verlage.com

ISBN 978-3-412-52337-4

„Der Schlüssel zur Zukunft der Welt ist es, die optimistischen Geschichten zu finden und sie weiterzuerzählen."

Pete Seeger

Inhaltsverzeichnis

Sich erinnern – Nur das Gute zählt, nur das Gute erzählen

Die Schneeflocken. Sie kommen leise über die Landschaft, tanzen hernieder, bleiben liegen, verweben sich zu einer Schneedecke oder werden zu Wassertropfen und verschwinden wieder. Sie vermögen die Landschaft nicht zu verändern, und doch ist sie eine andere. Sie verdeutlichen die Konturen, heben hervor, was hervorzuheben ist, betonen das Besondere. Sie übergehen aber auch die Unterschiede. Sie geben allem ihre weiße Farbe. Die Landschaft bleibt die gleiche. Von einer schneebedeckten Landschaft im sonnigen Licht geht auch etwas Anmutiges aus, etwas Sanftes.

So ist es mit den Erinnerungen, den Geschichten, die Margot Ringwald mir erzählt hat. Es sind sanfte Geschichten. Da ist nichts Lautes. Da ist Trauriges und Tragisches, Erschütterndes, gewiss, auch viel Fröhliches, aber sicher nichts Lautes. Ihre Geschichten sind Teile ihres bewegten Lebens. Sie weiß viel zu erzählen. Und erzählt dann so, als wäre alles Erlebte normal. Sie macht aus ihrem Leben nie etwas Spektakuläres. „So ist es eben", sagt sie oft. „Was will man da machen?" Sie trennt in große Geschichten und kleine Geschichten. Die kleinen, das sind oft ihre Erlebnisse. Diejenigen ihres Mannes, Erwin Ringwald, zählt sie zu den bedeutenderen, zu den großen. Groß und klein, das ergibt dann das Leben. Denn sie möchte Geschichten aus dem Leben erzählen.

Und man muss sich immer wieder ins Bewusstsein rufen: Es sind die Geschichten eines Kindes und einer Jugendlichen. Margot Ringwald war zehn Jahre alt, als der Zweite Weltkrieg begann und 15, als er endlich zu Ende war. Voller Unruhe und Unsicherheit ging es weiter. Für das Mädchen waren die Zeiten herausfordernd genug, um sich prägend in der Erinnerung festzusetzen. Von der Kinderzeit bleiben in der Regel einzelne, weit verstreute Bilder im Gedächtnis, Momentaufnahmen. Die bewusste Einordnung des Erlebten in einen großen Rahmen, den historischen Prozess, fehlt Kindern. Sie kommt erst später. Das serielle Erinnerungsvermögen, die Fähigkeit, die einzelnen Bilder zusammenzusetzen, fängt erst mit den Jugendjahren an. Dies spielt eine Rolle. Das erzählte Leben ist zusammengesetztes parzelliertes Bewusstsein oder vielmehr ein Reigen erinnerter Bilder. Es sind also wohl die Erinnerungen eines Kindes, aber es sind beileibe keine kindlichen Erinnerungen.

Seinen Anfang nahm alles, als ich Margot Ringwald aufforderte, ihre Geschichte(n) aufzuschreiben. Sie war eben dabei, eine Episode aus ihrem Leben in Czernowitz zu erzählen. Sie könne wohl gut erzählen und habe viele Geschichten zu berichten, aber schreiben, nein, das könne sie nicht. Vorschnell sagte ich, dass ich schon schreiben würde, was sie mir erzähle. Dieser Äußerung entsprang dann die Abmachung zu mehreren langen Gesprächen. Aus den aufgeschriebenen Unterhaltungen wiederum wurden Gespräche über mögliche Textformen. Wir entschieden uns für kurze Kapitelchen. Fast alle werden sie ergänzt durch Fotografien, die jeweils in einem – bisweilen ganz nahen, manchmal etwas ferneren – Zusammenhang dazu stehen. Diese Abbildungen wiederum werden in einer langen Bildlegende ausführlich be- und umschrieben. So wird aus ihnen mehr als einfach eine Illustration. Die Fotografien sind so gleichgewichtiger Teil der Erinnerung; sie sind Auslöserinnen und selbst Gegenstand des Erzählens.

Sich zu erinnern ist nicht einfach und geradlinig, sondern kompliziert, komplex und ziemlich krumm. „Was ist interessant?“, fragte sie mich zu Beginn. Und dennoch hatte und hat sie eine klare Vorstellung dessen, was sie berichtenswert findet. Und dies erzählte sie. Erinnern und Erzählen gehören eng zusammen. Das Erinnern macht dem Erzählen Vorgaben. Das Erzählen gibt aber dem Erinnern Gestalt. Das Erzählen, und vor allem das wiederholte Erzählen, formt das Erinnern; daraus wird die Erinnerung. Erinnerung ist Sprache. Es ist ein Unterschied, ob Margot Ringwald im Dialekt oder in Hochsprache erzählt. Das Fehlen des Imperfekts gibt dem Dialekt einen anderen Klang, den Geschichten eine andere Art von Unmittelbarkeit. Und Erinnerung ist immer ein Zusammensetzspiel. Die Teile kommen dazu und geben zuletzt doch nie ein Ganzes. Andere Teile fehlen. Margot Ringwald ist an der Geschichte der Strategien, an militärischen Erfolgen und Misserfolgen nicht interessiert. Den Frontverlauf kennt sie nicht. Ihre Geschichten sind andere. Interessant ist, dass sie beim Erzählen auch die Grenze zwischen den verschiedenen Zeiten auflöst. Man muss genau hinhören und aufpassen, von welcher Zeitspanne sie berichtet. Manchmal springen die Texte, welche im Folgenden ihre Geschichte erzählen, hin und her. Es gibt Wiederholungen, und es gibt Lücken. Das ist Teil des Ganzen. Das macht Lebenserinnerungen so spannend und abwechslungsreich. Man darf das beim Schreiben nicht einebnen. Denn das Ganze kann man nicht erinnern, nur immer einzelne Begebenheiten, einzelne Bilder. Ihre Erinnerung, das bestätigt Margot Ringwald, findet sie in Bildern. Erinnern ist Bilder beschreiben. „Weißt du, was bei mir ist? Ich habe Bilder“, sagt sie. „Im Ghetto, bis halb drei mussten wir in der Straße sein, alles mitnehmen, was wir konnten. Einen Platz suchen.

Und dann sind wir mit einem Wagen losgezogen. Wir kamen mit anderen in dieses leere Zimmer, alle schliefen auf dem Boden. Ich war noch ziemlich jung. 1941 war das. Da waren auch noch andere, und wir haben gespielt. Es war ein Zimmer und etwa 20 Leute. Als Kind spürte man das schon, aber man weiß nicht wirklich etwas. Wir haben uns beschäftigt. Man hat das nicht so genau verstanden. Man spürte schon, da ist etwas Schreckliches. Aber was willst du? Ich sehe mich auf dem Boden sitzen. Und da war etwas auf dem Boden. Eine Decke oder etwas. Und wir spielten da. Vielleicht waren es Murmeln. Ich weiß es nicht mehr." Oft meint sie in den Gesprächen, sich an das eine oder andere Detail nicht mehr erinnern zu können. „Ich habe viel verdrängt", sagt sie und meint nicht nur das Verdrängen, auch das Vergessen. Vieles fällt weg im Laufe der Zeit. Ein ganzes Leben kann man nicht erzählen.

Mir fiel bei den Gesprächen als Erstes auf, dass Margot Ringwald immer auf die lieben Menschen zu sprechen kam, denen sie begegnet war, auf die guten. Sie erinnere sich lieber an die schönen Sachen, die passiert sind. Und bei all dem Unglück und Elend, das sie erfahren musste, ist sie dankbar, dass sie der Hölle entrinnen konnte. „Ich hatte das Glück, dass ich nicht in einem solchen Lager war. Die Leute, die in Auschwitz waren, konnten fast nicht mehr reden." Und dann erzählte sie wie so oft in den Gesprächen von anderen, nicht von sich. Sich selbst nimmt sie nicht so wichtig. „Ich bin nicht so philosophisch. Ich sagte immer. Gott sei Dank, ist das so. Und ich bin nicht so selbstzerstörerisch."

„Ich habe die Geschichte eines Buben. Er war aus Polen. Alle Juden sperrte man in eine Kirche. Die Mutter hat man einfach erschossen. Er war drei Jahre alt, der Bub. Der Vater steckte ihn in einen Sack, und sagte ihm, du darfst nicht reden, nichts sagen. Und dann ist er irgendwie hinausgekommen aus der Kirche – mit diesem Sack. Er kam dann aber doch nach Auschwitz. War es Birkenau? Kinderlager? Der Vater war auf jeden Fall auch da. Und der Vater wurde dann gegen Ende sehr krank am Typhus. Da war er erst recht allein. Der Vater wurde dann wieder gesund. Er erzog den Buben ganz allein. Jedenfalls – so erzählte er – hätte er als Junge nie gewusst, wozu der Mensch eine Mutter hat. – Ich habe so etwas Gott sei Dank nicht erlebt. In meinem ganzen Leben, interessanterweise, habe ich nur gute Menschen getroffen. Ich erinnere mich nicht so sehr an Menschen, die schlecht waren. Seit ich geboren bin, bis heute habe ich immer gute Menschen getroffen. Ich weiß es nicht, vielleicht habe ich einen Instinkt."

Margot Ringwald schöpft ihre Kraft aus dem Guten. So ist das Sich-Erinnern immer auch eine Auslegeordnung des Lebens. Oder eher ein sich Zurechtlegen. Die Schneeflocken fallen nicht zufällig; das meint man bloß.

Von Hühnern und von Hölderlin – Czernowitz

Im Folgenden ist viel die Rede von Czernowitz. Czernowitz, wie bitte? Wo liegt das genau? So viel vorweg: Czernowitz liegt nirgends mehr. Es existiert nicht mehr. Es ist nur noch „historische Materie".[1] Heute heißt die Stadt Tscherniwzi und liegt im Südwesten der Ukraine. Czernowitz, das ist bloß noch Erinnerung. Eine zumeist jüdische Erinnerung. Der rumänische und der deutsche Faschismus, dann die Sowjetunion; sie haben den Jüdinnen und Juden alles genommen. Die Faschisten haben alles Jüdische verfolgt, Frauen und Männer, Kinder, Alte vertrieben, ermordet. Was nach der Katastrophe des Zweiten Weltkrieges in Czernowitz noch an jüdischer Kultur übrig war, zerstörte die Sowjetunion. Aus ihrem Heiligsten, der großen Synagoge ist – wie zur Strafe – das Profanste geworden, ein Kino. Das kann man für eine Gesellschaft, die keine Religionen akzeptiert, noch nachvollziehen. Doch auch für alles andere, die Sprache, die Dichtung, die Pflege des Andenkens hatte die Sowjetunion nur Verachtung übrig. Nur ganz wenig ist geblieben. Die Geschichte geht immer weiter, die Geschichte verändert immer alles. Czernowitz konnte man den Jüdinnen und Juden wegstehlen, aber die Erinnerung daran nicht. Czernowitz ist für viele Jüdinnen und Juden eine Metapher, die Erinnerung an eine bessere jüdische Welt. Auschwitz und die Konzentrationslager sind die Metapher für Hölle und Untergang, Czernowitz jene für Paradies und Leben.

Dieser Einleitungstext soll es ermöglichen, die erzählten Geschichten, die Erlebnisse von Margot Ringwald im ganzen Geschehen besser zu verorten. Man mag Margot Ringwalds Erinnerungen als typisch auffassen. Sie sind es sicher genauso wie andere jüdische Lebenserinnerungen, die von Vernichtung und Untergang berichten. Ihr Leben lässt sich mit tausend anderen vergleichen. Aber ihr Leben ist auch speziell. Jedes Leben ist einzigartig, individuell, singulär. Dieses Pendeln zwischen typisch und individuell zeigt, dass es unmöglich ist, von einem kollektiven jüdischen Schicksal zu schreiben. Es gibt wohl gemeinsame Muster, aber im Grunde genommen gibt es nur einzelne, sehr persönliche Lebensläufe.

Etwas ist besonders wichtig. Margot Ringwalds Lebensgeschichte gehört zu etwas, was unwiederbringlich verloren ist: das jüdische Leben in Osteuropa.

Czernowitz – Tscherniwzi liegt malerisch am Fluss Pruth, mitten in einer sanft hügeligen Landschaft, der Bukowina. „Jerusalem am Pruth", sagte man, denn hier war die jüdische Kultur, oder besser: waren die jüdischen Kulturen, nicht nur die verschiedenen Formen der jüdischen Religion, die dominanten. In Czernowitz, der neben Wien und Lwow/Lemberg drittgrößten jüdischen Gemeinde, fühlten sich Jüdinnen und Juden „zu Hause“.[2] Es war eine besondere Situation.

Das Buchenland, so hieß die Bukowina auf Deutsch, kam 1774 in den Besitz der österreichischen Monarchie. Mit Trecks aus den deutschen Fürstenstaaten jener Zeit wurde die Bukowina am Ende des 18. und zu Beginn des 19. Jahrhunderts besiedelt. Unter den einwandernden Familien waren viele jüdische. Sie sprachen Deutsch. Die jüdischen Zuzügerinnen und Zuzüger aus dem Osten brachten das Jiddische mit. Die Bukowina gehörte lange zu Galizien, der westukrainischen und südpolnischen Landschaft. 1861 wurde sie Herzogtum, Czernowitz wurde Hauptstadt. Seit 1864 waren Deutsch, Rumänisch und Ruthenisch – so nannte man das Ukrainische – gleichberechtigte Sprachen in der Verwaltung. Die emanzipatorische Gesetzgebung des jungen Kaisers Franz Joseph erreichte 1867 mit der Gleichstellung der Jüdinnen und Juden ihren Höhepunkt. Die Bukowina und Czernowitz entwickelten sich prächtig.

Zur Zeit des Ersten Weltkriegs war Czernowitz eine Stadt mit etwa 90.000 Einwohnerinnen und Einwohnern.[3] Sie war groß und modern geworden. Seit den 1890er-Jahren hatte sie eine Kanalisation, eine Wasserversorgung, eine elektrische Beleuchtung und als eine der ersten Städte überhaupt eine elektrische Straßenbahn.[4] Der größte Anteil ihrer Einwohner waren Jüdinnen und Juden, rund 40 Prozent. Sie machten aber nicht nur den größten Teil der Bevölkerung aus; sie waren auch politisch durchaus bedeutend.

Das Ende des Ersten Weltkriegs 1918 bedeutete auch das Ende der Habsburger und ihres Kaiserreichs: kaiserlich und königlich – k.u.k – waren passé. Nach und nach besetzte und annektierte Rumänien die Bukowina. Nun gehörte Czernowitz zu Rumänien. Die Bukowina war von der kriegführenden ‚Triple Entente‘, also von Großbritannien, Frankreich und Russland, bereits 1916 an Rumänien versprochen worden, um es in den Krieg zu locken. 1918 und 1919 wurde dieser Schritt bloß vertraglich sanktioniert.

Die rumänische Zeit war für die Jüdinnen und Juden keine glückliche, aber deswegen noch lange keine unglückliche. Der Rumänisierung widersetzten sie sich mehr oder weniger erfolgreich. Sie lebten, so lange es ging, ihre österreichische, deutschsprachige Lebensweise weiter. Kulturell, mental, geistig kam das Ende deutlich langsamer als das politische. Die kollektive Erinnerung blieb eine positive – trotz der Katastrophe des Ersten Weltkriegs. Immerhin war Czernowitz dreimal von den Russen besetzt worden und hatte zahlreiche Schäden davongetragen. Nicht nur architektonische. Viele Czernowitzerinnen und Czernowitzer hatten die Stadt verlassen. Dennoch blieb ein gutes Bild zurück. Dazu trägt der Vergleich mit den miserablen nachfolgenden Jahren viel bei.

Bis in die 1930er-Jahre sprachen über die Hälfte der Czernowitzerinnen und Czernowitzer Deutsch oder Jiddisch als Muttersprache. Zwar wurde schon bald nach dem Ende des Ersten Weltkriegs Rumänisch zur offiziellen Sprache an der Universität erklärt. Nicht wenige jüdische Gelehrte verließen die Stadt. Das Rumänische als alleinige Amts- und Schulsprache setzte sich jedoch nur langsam durch. Deutsch blieb maßgebend. Zu sehr wehrten und widersetzten sich alle: die Gelehrten der Universität, die Ärzteschaft und die Pflegenden in den Kliniken, die Lehrerschaft in den Schulen, Künstlerinnen und Künstler, Angehörige der Verwaltung, der Gerichte. Unnötig zu sagen, dass viele davon jüdische Bürgerinnen und Bürger waren.

Jedoch machten sich die Gegensätze immer mehr bemerkbar, und schon 1923 wurde die Liga christlich-nationaler Verteidigung, eine klar antisemitische Organisation, gegründet.[5] Zwar war der Antisemitismus in der Bukowina geringer als in Alt-Rumänien, weil der antirumänische Geist alle Volksgruppen etwas näher zusammenrücken ließ. Doch wurden die Jüdinnen und Juden immer mehr drangsaliert und politisch an den Rand gedrängt. In den 1930er-Jahren wurde der Antisemitismus dominant. Dass immer mehr Deutsche dem Nationalsozialismus huldigten, machte die Lage noch schlimmer. Mit der Eisernen Garde – um 1935 bereits eine Massenbewegung –, der national-christlichen Partei und der Regierung des erklärten Antisemiten Octavian Goga fand die rumänisch-nationale Bewegung 1937 und 1938 einen ersten Höhepunkt. Erstmals wurden antijüdische Gesetze erlassen, unter anderem die jüdische Presse verboten und in ganz Rumänien etwa 200.000 Jüdinnen und Juden die rumänische Staatsbürgerschaft, die sie seit 1923 auf internationalen Druck hin erhalten hatten, wieder genommen. Sie wurden staatenlos.

Im Sommer 1939 schlossen die Sowjetunion und das Deutsche Reich überraschend einen Nichtangriffspakt, den sogenannten Hitler-Stalin- oder Molotow-Ribbentrop-Pakt,[6] mit dem sich die beiden Staaten gegenseitig ihre Interessensphären zusicherten. Stalin gewann auf diese Art Zeit, denn darauf, dass England und Frankreich ihm bei einem deutschen Angriff helfen würden, schien ihm kein Verlass. Sie hatten es bei der Tschechoslowakei auch nicht getan. Zudem sicherte er sich seine Interessengebiete. Die Bukowina und Bessarabien, etwa das Territorium der heutigen Republik Moldau, gehörten explizit nicht zu den deutschen Interessen, wohl aber zu den sowjetischen. Hitler auf der anderen

Seite hatte eine mögliche Allianz zwischen England, Frankreich und der Sowjetunion verhindert und damit vermieden, dass das Deutsche Reich in eine Zange geriet. Wenigstens vorderhand. Die Nordbukowina wurde sowjetisch. Am 28. Juni 1940 besetzten die sowjetischen Truppen Czernowitz und begannen sogleich mit dem Aufbau ihrer kommunistischen Verwaltung. Viele Jüdinnen und Juden hatten nicht ohne Hoffnung auf die Russen gewartet. Sie erhofften sich einen Rückgang des Antisemitismus. Doch die Russen erfüllten diese Hoffnungen nicht, im Gegenteil, sie begannen im Frühsommer 1941 damit, „Kapitalisten" und „Antikommunisten" zu verhaften und nach Sibirien zu deportieren. Zwar waren offiziell Kapitalismus und Antikommunismus der Deportierten die Gründe, aber 80 Prozent der nach Sibirien verschleppten Czernowitzerinnen und Czernowitzer waren Jüdinnen und Juden.[7] Das kann kein Zufall sein.

Und nach den Russen kam es noch schlimmer. Im Sommer 1941 kehrten die Rumänen zurück, mit ihnen die deutschen Truppen. Das deutsche Machtstreben hatte ganz Europa mit Krieg überzogen. Schon am 1. September 1939 waren die Truppen der deutschen Wehrmacht in Polen eingefallen. Sie griffen Dänemark und Norwegen an, ebenso die Niederlande, Belgien, Luxemburg und hatten bis zum Sommer 1940 halb Frankreich erobert. Im Sommer 1940 tobte die Luftschlacht um England. Am 22. Juni 1941 überfiel das nationalsozialistische Deutschland die Sowjetunion. Was sich lange und wiederholt angekündigt hatte, der faschistische Feldzug gegen die ‚Bolschewisten', wurde überraschend schnell militärische Realität. Die deutschen Truppen rückten rasch vor. Überall, wo sie waren, trieben die Deutschen ihre Ausrottung des jüdischen Volkes voran.

Czernowitz erreichten die deutschen Truppen anfangs Juli 1941 als Unterstützer der Rumänen. Das Sonderkommando 10b, eine Einheit der berüchtigten Einsatzgruppe D, begann sofort mit seinem Teufelswerk: Tausendfach wurden Jüdinnen und Juden ermordet und verschleppt. In Czernowitz bildete man wie andernorts auch ein Ghetto,[8] presste die jüdischen Familien in Überzahl in die Enge der Wohnungen und deportierte sie Straße für Straße nach Transnistrien, nach jener zwischen den Flüssen Dnjestr und dem südlichen Bug gelegenen verlassenen, einsamen Landschaft. Dort machte man sich nicht einmal die Mühe, genügend Lager zu bauen. Zum Teil warf man die Deportierten einfach aus dem Zug in die Einöde der Landschaft. Die Grausamkeiten lassen sich nicht nacherzählen! Das Ghetto, das waren ein paar Straßen, und die jüdischen Familien, die dort bereits wohnten, waren gezwungen, die neu zugewiesenen aufzunehmen. Platz war für etwa 15.000, eingewiesen wurden rund 50.000. Traian Popovici, der zivile Bürgermeister, der sich mit allen Mitteln gegen die Maßnahmen des Militärs unter dem faschistischen Diktator Ion Antonescu[9] wehrte, beschreibt das Elend: „Obwohl in den Absätzen 3 und 4 des Reglements über das Ghetto kategorisch angeordnet wurde, dass niemand ohne Autorisation des Gouverneurs das Ghetto betreten durfte, hielt sich keiner an diese Bestimmung, und schon am zweiten Tage nach Errichtung des Ghettos pilgerten dorthin Frauen aller sozialen Schichten, intellektuelle Makler, die dem Czernowitzer Publikum bekannt waren. Personen mit ‚Einfluss' aus allen Schichten und Berufen, alle Hyänen, welche die seelischen Kadaver der Unglücklichen aufspürten. Unter dem Vorwand, dass sie mit dem Gouverneur oder mit dem Militärkommandanten oder dem Bürgermeister gut stünden, begann die Beraubung der Unglücklichen auf hoher Ebene von allem, was sie noch hatten, ihren Goldmünzen, Schmuck, Edelsteinen, Teppichen, Pelzen, Stoffen, wertvollen Nahrungsmitteln (Tee, Kaffee, Chokolade, Cacao), um angeblich andere bestechen zu können oder um sich denen gegenüber zu revanchieren, die ein Wort der Rettung sagen oder einen von der Deportierung ausnehmen könnten. Der Handel mit Einfluss war in voller Blüte. Eine andere Kategorie von Hyänen waren die ‚milden Freunde', die sich freiwillig anboten, alle diese Güter in Verwahrung zu nehmen, um sie vor Diebstahl und Raub zu schützen und sie ihnen nach ihrer Rückkehr oder ihren Familien und Bekannten, die im Lande blieben, zu übergeben. Individuen, die vorher niemals die Stadt Czernowitz gesehen hatten, strömten nun von allen Enden des Landes herbei, um aus der Menschentragödie Vorteile zu ziehen. Wenn schon die Deportierung an sich, mit der vorausgegangenen Prozedur, eine Monstrosität war, dann übertraf diese Ausbeutung der Verzweiflung alles andere. Es war die schamloseste Preisgabe menschlicher Gesittung. Es ist unglaublich, bis zu welchen Tiefen moralischer Verkommenheit die Habsucht erniedrigen kann ..."[10] „Heut' ist der schönste Tag in meinem Leben" zu singen, wie es Joseph Schmidt noch 1936 getan hatte, konnte sich niemand mehr vorstellen. Rose Ausländer schrieb: „Da begruben wir die Sonne. Es war eine unendliche Sonnenfinsternis."[11] Die Lebensbedingungen für Jüdinnen und Juden hatten sich schlagartig noch einmal dramatisch verschlechtert. Vom städtischen Zusammenleben und von der urbanen Kultur blieb in Czernowitz kaum etwas übrig. Das „Gesetz zum Schutz des Staates" in Rumänien sah vor, Juden für gleiche Vergehen doppelt so schwer zu bestrafen wie Nichtjuden. Seit dem März 1941 besagte ein Gesetz, dass man jüdische Häuser und Besitzungen beschlagnahmen durfte. Ab Mai konnten Juden zur Zwangsarbeit eingezogen werden. Im Juni wurden die Juden aus der Südbukowina vertrieben, und im ganz nah an der heutigen Grenze zu Moldawien gelegenen Iaşi verloren beim Pogrom am Ende des Monats über 8000 Jüdinnen und Juden ihr Leben. Am 11.

Oktober 1941 wurde mit der Errichtung des Ghettos begonnen. Rumänien war unter Ion Antonescu ein faschistischer Staat, ein williger Gehilfe der Deutschen. Als diese sich 1943 und 1944 – nach der Schlacht um Stalingrad, in der auch sehr viele rumänische Soldaten ihr Leben verloren hatten oder in sowjetische Gefangenschaft geraten waren – immer mehr zurückzogen und die Front bereits rumänisches Staatsgebiet erreichte, wechselte Rumänien nach dem Putsch des Königs Mihai[12] gegen Antonescu im Sommer 1944 die Seite und half der Roten Armee die Deutschen aus dem Land zu werfen.

Doch das ausgerufene ‚Tausendjährige Reich' war eigentlich bereits 1941 am Anfang vom Ende. Was im Sommer als weiterer sogenannter ‚Blitzkrieg' einfach voranging, kam im Herbst und im Winter 1941 vor Moskau zum Erliegen. Aber nicht die ‚Generäle Winter und Schlamm' besiegten die Deutschen, weder bei der Schlacht um Moskau im Winter 1941 noch bei der letztlich erfolglosen, dreijährigen Belagerung von Leningrad, von 1941 bis 1944, und auch nicht in Stalingrad, im Winter 1942/43. Die deutsche Führung hatte sich verschätzt. Sich selbst maßlos überschätzt, den Bedarf an Nachschub und wintertauglicher Ausrüstung unterschätzt. Völlig falsch eingeschätzt hatte sie auch den Gegner: die Hartnäckigkeit, den Durchhaltewillen, den unüberwindbaren Widerstand, das Potenzial der Sowjetunion. Über 25 Millionen Tote, also über 15.000 Tote an einem einzigen Tag, am meisten von allen Staaten, zählte man am Schluss des Kriegs, und doch gehörte die Rote Armee am Ende zu den Siegern. Militärisch besiegt wurden die Deutschen durch die Truppen ihrer Gegner, untergegangen sind sie letztlich durch ihren Frevel zu glauben, die ganze Welt an mehreren Fronten gleichzeitig erobern zu können. Gelitten und verloren hat die ganze Welt. Kein Krieg ist ein Erfolg.

Viele Jüdinnen und Juden kamen nach dem Zweiten Weltkrieg nicht nach Czernowitz zurück, und die wenigen, die kamen, sowie die wenigen, die das Elend in Czernowitz überlebt hatten, blieben nicht lange und trachteten danach, möglichst bald auswandern zu können. Dabei spielte die Erfahrung von 1940, die Besetzung der Stadt durch die sowjetischen Truppen, eine wichtige Rolle. Das Ende des Zweiten Weltkriegs bildete eine Zäsur. „Wer mit dem Leben davonkam, befindet sich heute in Israel, in Miami, in Honolulu, im südamerikanischen Urwald, in der Antarktis oder auch noch in Rumänien – und spricht bei jeder Gelegenheit ausschließlich über die unvergessliche Heimatstadt."[13] Die ganze jüdische Kultur war zerschlagen, und sie blieb es. Niemand war mehr da. Für viele von ihnen war das Nahziel Bukarest, die Fernziele aber hießen: Tel Aviv, New York, Wien, Paris.[14]

Abb. 1 Die Ansichtskarte aus sowjetischer Zeit zeigt die Kolarew-Straße, und von Hand ist im August 1963 dazu geschrieben: „1941 11/X. war die Ghetto-Bretterwand auf der linken Seite der Brücke".

Dabei hatte einst alles so gut angefangen. Czernowitz brachte im Lauf der Zeit einen großen kulturellen Reichtum hervor. „Hier lebten Menschen und Bücher", sagte Paul Celan,[15] Rose Ausländer nannte die Stadt eine Stadt der literarischen „Schwärmer". Künstlerin oder Künstler zu sein, galt etwas in Czernowitz. Es gab viele, die sich so ihr Brot verdienten. Kultur war überall.

> Czernowitz, das waren Sonntage, die mit Schubert begannen und mit Pistolenduellen endeten, Czernowitz, auf halbem Wege gelegen zwischen Kiew und Bukarest, Krakau und Odessa, war die heimliche Hauptstadt Europas, in der die Metzgerstöchter Koloratur sangen und die Fiaker-Kutscher über Karl Kraus stritten. Wo die Bürgersteige mit Rosensträußen gefegt wurden und es mehr Buchhandlungen gab als Bäckereien. Czernowitz, das war immerwährender intellektueller Diskurs, der jeden Morgen eine neue ästhetische Theorie erfand, die am Abend schon wieder verworfen war. Wo die Hunde die Namen olympischer Götter trugen und die Hühner Hölderlin-Verse in den Boden kratzten.[16]

Mehr Auszeichnung kann es nicht geben.

Rose Ausländer und Paul Celan sind die bekanntesten jüdischen Namen aus Czernowitz. Vielleicht zusammen mit jenem von Joseph Schmidt, dem körperlich kleinen, stimmlich so großen Tenor. Daneben gibt es eine ganze Reihe von Literatinnen und Literaten, Musikerinnen und Musikern, die den Namen Czernowitz rund um den Erdball trugen. Etwas haben diese drei großen Namen gemeinsam: Ihr Weg führte über Wien und Österreich in die weite Welt.

Überhaupt ist es ein Phänomen mit Österreich. Nicht nur waren viele Männer für Kaiser und Vaterland im Ersten Weltkrieg gewesen. Überproportional viele Juden hatten am Ersten Weltkrieg teilgenommen. Sie wollten die Gleichstellung unter Beweis stellen. Genutzt hat es letztlich wenig. Die guten Bürger von Czernowitz pflegten den Wiener Stil. Kaffeehäuser, Theater, Kultur – sie wollten nicht rumänisch werden. Spielzeug für die Kinder ließ man aus Wien kommen.[17] Bei der Familie Gottesmann war es nicht anders. Für die Mandeloperation der kleinen Margot fuhr die Mama mit der Tochter nach Wien. Wien war für Kultur und Lebensart maßgebend. Und der Kaiser. Der sowieso. Franz Joseph hatte jüdischen Familien, die aus Angst vor den Kosaken geflohen waren, mit dem Satz: „Sie sind schließlich meine Untertanen", Platz im Park des Schlosses Schönbrunn angeboten. Zwar wussten alle, dass Wien antisemitisch war, schreibt Zvy Yavetz. Dass Karl Lueger, Bürgermeister bis 1910, ein arger Antisemit war und man ohne christlichen Taufschein keine Professorenstelle bekam, war allen bekannt.[18] Aber das alles konnte dem Vorbild Wien nichts anhaben. Heute wird ‚k.u.k' oft nur belächelt. Dabei war das alte Österreich-Ungarn ein durchaus funktionierender und erfolgreicher Vielvölkerstaat; zwar waren nicht gerade alle Völker so gleichberechtigt wie die Nationen in der Europäischen Union, aber immerhin. Und hatte nicht der Kaiser selbst den Nationalismus als „Pest des 20. Jahrhunderts" gebrandmarkt?[19]

Czernowitz blieb bis 1940 eine österreichische Stadt.

> Hier lebte es noch und blieb nach dem Untergang des Habsburgerreiches gegenwärtig im Geist und in vielen kleinen Dingen, die Farbe sind. Wenn ich also die Erinnerungen über die Rumänienjahre hinweg gelten lasse, hat's seinen Sinn: Man sagte Ferdinand, Carol und Mihai und dachte Franz Joseph. So habe ich es gehalten. In meinem Zimmer hing, vom Vater ererbt, ein silberner Kaiser im Relief und kein König als papierner Wandschmuck.[20]

Ähnlich positiv wie die Erinnerung an Österreich ist auch die Erinnerung an das multikulturelle Leben in Czernowitz, lange bevor ‚Multikultur' zum Begriff wurde. Es sind ja nicht nur die vielen Ethnien, die da lebten – ob freudvoll miteinander oder doch eher nur nebeneinander ließe sich diskutieren,[21] aber auf jeden Fall auf engstem Raum beieinander – Jüdinnen und Juden, Deutsche, Ukrainerinnen und Ukrainer beziehungsweise Rutheninnen und Ruthenen,[22] Rumäninnen und Rumänen, Polinnen und Polen, Ungarinnen und Ungarn, Armenierinnen und Armenier und nicht zuletzt Sinti und Roma. Die größeren Gruppen errichteten eigene Häuser, das Rumänische Haus, das Polnische, das Ukrainische, das Deutsche, das Jüdische.[23] Czernowitz hatte 1937 sieben Kinos, verschiedene Theater. Da waren auch die verschiedensprachigen Zeitungen, die in deutscher, ukrainischer, rumänischer, polnischer, jiddischer und hebräischer Sprache erschienen, und da waren die diversen religiösen Bekenntnisse, die diese Kultur der Vielfalt bereicherten: jüdisch-liberal, orthodox, ultraorthodox, griechisch-orthodox, griechisch-katholisch, römisch-katholisch, armenisch-katholisch, evangelisch. Es gab über 70 Synagogen und Betstuben. „Der Geist braucht viel Raum", schreibt Peter Rychlo.[24] Und ein gesunder Geist in einem gesunden Körper braucht auch Sport. Es gab den Maccabi. Der Verein hatte etliche Sektionen. Fußball zuerst, aber auch Tennis, Radfahren, Frauenhandball, Schwimmen, Tischtennis und selbstverständlich Turnen und Leichtathletik. Einen Arbeitersportclub gab es auch, Borochow. Auch hier wurde Sport in den verschiedensten Disziplinen betrieben. Im Fußball war eine Zeit lang die Rivalität zwischen Maccabi und dem deutlich kleineren Verein Hakoah sehr groß. Hakoah wurde dann von Maccabi übernommen.[25]

Es kommt etwas hinzu, was man allzu leicht übersieht: Viele Jüdinnen und Juden realisierten ihr Jüdischsein erst, als sie mit dem Faschismus konfrontiert waren. Andere sahen das rechtzeitig. Es gab Anzeichen genug. Ihre Integration war eine Illusion. Vor allem die liberalen Jüdinnen und Juden waren Angehörige ihrer Religion – mehr aus Tradition denn aus Überzeugung. Isaac Deutscher prägte dafür den Begriff „nichtjüdische Juden"; Sigmund Freud nannte sie „gottlose Juden".[26] Das stimmt nicht ganz, denn ihren Gott hatten sie, wenn auch nur an den Feiertagen. Sie feierten die jüdischen Feste, weil man sie feierte. Sie waren jüdisch, gewiss, aber sie legten keinen besonderen Wert auf die Religion. Ihre Rivalen waren lange Zeit nicht die Deutschen oder Österreicher, wie hätte das auch gehen sollen, das waren sie ja selbst. Ob jüdisch, deutsch oder österreichisch, oder alles zusammen, das war von bloßem Auge oft gar nicht zu unterscheiden. Nein, ihre Rivalen waren die orthodoxen Jüdinnen und Juden. Die Vertreter der beiden religiösen Richtungen lagen oft im Streit miteinander. Eine weitere wichtige Gruppe waren die zionistischen jüdischen Organisatio-

Abb. 2 Das Bild, ebenfalls eine sowjetische Ansichtskarte, zeigt das ehemalige Jüdische Haus. Nach dem Krieg diente es als Kulturhaus der Textilarbeiter. Die handschriftliche Notiz dazu auf der Rückseite lautet lakonisch „mutatis mutandis" – nach Anpassung an die neuen Zeitumstände. Seit 2008 ist ein kleines Museum für jüdische Geschichte und Kultur eingerichtet.

nen. Von ihrer Parteinahme für einen eigenen jüdischen Staat ging vor allem für die junge Generation eine große Anziehungskraft aus. Zionistische Kreise waren von der Anpassung an die deutsche Kultur nicht begeistert. Man darf sich das Judentum in Czernowitz, in der Bukowina also keineswegs als homogen vorstellen. Wie überhaupt das Judentum nicht; das ist eine Lüge des Antisemitismus. Das Gegenteil ist richtig. Zum einen gab es beträchtliche soziale Unterschiede. Da klaffte eine große Lücke. Und lange nicht alle Jüdinnen und Juden arbeiteten in den bevorzugten Berufen. Selbst wenn einer Arzt war, so musste er das im richtigen Stadtteil sein, damit es mit dem Verdienen stimmte. Viele arbeiteten in handwerklichen Berufen und lebten von der Hand in den Mund.[27] Zum andern gab es, was die Religion anbelangt, auch viele Unterschiede. Nicolae Iorga schreibt:

> Juden aller Art: Rechtgläubige mit Peies und Kaftan aus ‚Teufelsleder', die in den Vororten irgendein Lädelchen besitzen und zu zehnt in einem Wagen über Land fahren mit einem Pferd, das vor lauter Anstrengung seine Gestalt ändert und den Hals einer Giraffe annimmt, wenn es hügelan geht; österreichische Bürger, die sich wie alle ande-

> ren deutsch kleiden; dickbäuchige Bankiers; angestellte und freiberufliche Jüdchen, mit Zwickern auf der Nase, glänzendem Zylinder, hohen Stehkragen und schwarzen Kleidern; herrschaftlich auftretende Männer von Bedeutung, die laut sprechen und auf alles von oben herabsehen, von weit oben, wie durch einen Wolkenkranz aus Stolz.[28]

Es war

> an Komplexität kaum zu überbieten. Es gab verschiedenste religiöse und politische Gruppierungen in allen Schattierungen, von streng orthodoxen Juden über die Anhänger des Chassidismus bis zu Konvertiten, von Zionisten jeder Couleur über national eingestellte Juden bis zu Verfechtern einer völligen Assimilation – sogar schlagende jüdische Burschenschaften waren darunter.[29]

Deutscher kann man ja gar nicht mehr sein. Wohlverstanden, diese schlagenden Verbindungen, die Hebronia, die Zephira, die Hasmonäa, waren wie die anderen jüdischen Verbindungen zionistische Gruppierungen. Sie wandten sich gegen das Deutschtum, gegen das Deutschnationale. Die Gründung der Hasmonäa" 1891 wird als „Bresche in der Assimilationsfront" gefeiert. „Die Hasmonäer schlugen nicht nur Duelle, sie zogen in die Provinz hinaus, hielten Vorträge und Makkabäertreffen und bereiteten den Boden für organisierte zionistische Tätigkeit vor."[30] Aber die Form des Auftretens: Kappe, Band, Säbel, das waren schon sehr deutsche Gepflogenheiten. Es ist irrwitzig. Da leisteten die Jüdinnen und Juden von Czernowitz der Germanisierung einer ganzen Landschaft Vorschub und wurden dann von den angeblich echten Germanen vertrieben und umgebracht. Kann das jemand verstehen?

So erscheint das gegenüber Czernowitz am anderen Ufer des Pruth gelegene Sadagora geradezu als Gegenstück zur mehrheitlich liberal bestimmten Stadt.[31] Hier lag das Zentrum der Chassiden. Hier wurden die religiösen Regeln eingehalten, in strenger Weise befolgt und gepflegt. Man lebte in Nähe zu Gott und war vielem Weltlichen abhold. Der Zaddik, der Gerechte, stand im Zentrum. Die Rabbiner-Familie freilich errichtete eine erblich-dynastische Organisation und scheint dem Weltlichen nicht ganz entsagt zu haben. Ihr Palast war beachtlich. Sadagora nannte man auch den „jüdischen Vatikan".[32]

Die Entwicklung in jenen Jahren war ausgesprochen dynamisch. 1908 fand ein internationaler Kongress, eine Weltkonferenz, für Jiddisch in Czernowitz statt. Als Resultat wurde Jiddisch neben Hebräisch zur zweiten Muttersprache der Jüdinnen und Juden erhoben. 1910 erhielten die Juden eigene Wahlkreise, die zwar formal noch den deutschen zugerechnet wurden, aber doch als Zeichen der Anerkennung einer eigenen Nationalität gelten dürfen. Es ist ein interessanter Umstand, dass ausgerechnet die assimilierten und liberalen Jüdinnen und Juden die deutsche Sprache und Kultur in Czernowitz verankerten und damit stark machten, was sie später das Leben kostete. Davon waren zumindest die Autoren der „Geschichte der Juden in der Bukowina", die 1958 in Tel Aviv erschien, überzeugt. Etwas mehr Judentum hätte den Czernowitzerinnen und Czernowitzern gut angestanden, lautet der Tenor. Es ist die Diskussion um die Orthodoxie:

> Erst mit dem Eindringen der Freiheiten nach 1848 begann ihr Einfluss [der Chassidim] zu schwinden und der jüdische Lebensstil passte sich äußerlich dem Zeitgeiste an, wie Übersiedlung aus der Judengasse, europäische Kleidung, deutsche Umgangssprache, Nachlassen in der Beobachtung aller Traditionsgebote – eine Erscheinung, die auch vor allem auf die innerliche Entwicklung der jüdischen Jugend einwirken musste.[33]

Die völlige Assimilierung um jeden Preis sei als einziges Mittel zur Überwindung des Antisemitismus angesehen worden, was sich als falsch erwiesen habe. „Mit Hilfe der Juden wurde das Land, das eigentlich rumänisch und ruthenisch war, germanisiert, denn sie gaben als ihre Umgangssprache deutsch an. Selbst in wirtschaftlich-sozialer Hinsicht sind die Juden die Hauptstütze des deutschen Elements."[34] Glaubt man dieser antimodernen Meinung, so hätte sich die jüdische Bevölkerung von Czernowitz auf mehr Einigkeit besinnen sollen, die zionistische Bewegung besser unterstützen können, und so hätte manche Familie ihr Leben bewahren können. Ob allerdings die Geschichte so ihren Fortgang gefunden hätte, kann niemand mehr sagen. Es kam anders.

Auf jeden Fall gibt es (mindestens) zwei Lesarten der jüdischen Geschichte zwischen 1918 und 1940. Eine assimilatorisch-pazifistische Sicht, die das (doch meistens) unproblematische Zusammenleben aller Bevölkerungsgruppen bis zum Zweiten Weltkrieg betont, und eine konfliktorientierte zionistisch-orthodoxe, die ihre Aufmerksamkeit ganz auf den antisemitischen roten Faden quer durch alle Ereignisse legt.[35] Allerdings sind sich Zionisten und Orthodoxe keineswegs einig, was die Rolle Israels anbelangt. Für die Orthodoxen ist die Diaspora, das versprengte Leben der Jüdinnen und Juden über die ganze Welt, eine von Gott auferlegte Strafe. Für die Zionisten hingegen ist die Auswanderung nach dem gelobten Land das einzig Richtige.

1930, als Margot Ringwald zur Welt kam, war das friedliche Zusammenleben längst gestört. Doch wird im Rückblick das Miteinander in Czernowitz, nicht nur das jüdische, gerne hervorgehoben. Dieses Bild des vielsprachigen, kulturell reichen und friedlichen Czernowitz findet sich ganz oft. Georg Drozdowski („denn in Czernowitz hießen die Polen Friedl und Sedelmayer und die Germanen Jereczynski und Drozdowski“) schildert Czernowitz wie folgt: „In Czernowitz gab es 1910 für jede der Nationen eine Mittelschule. Großzügigkeit in nationalen Belangen wurde betont. Sprachzwang gab es nicht [...] Jede der in Frage kommenden Mittelschulen hatte deutsche Parallelklassen, so dass kein Hindernis bestand, etwa als Nichtrumäne ins Rumänische zu gehen.“ Viele Impulse kamen in der Universitätsstadt von der Jugend. „Mit der Universität war Leben in die Stadt und in die Bude, besser gesagt in die Buden gekommen. [...] Und weil sich gleich fünf Nationen des Studierens befleissigten, gab es der Namen und Zirkel die Menge.“ In der recht zahlreichen Literatur wird dieses Bild der bunten friedlichen Kulturstadt verfestigt. Allerdings gibt es feine Nuancen. Bei näherem Hinsehen kriegt das Bild Risse: „Wenn man sich im Grunde nie spinnefeind war, gab es doch nationale Gegensätze, mit denen sich streiten ließ“, schreibt Drozdowski.[36] „Eines steht fest“, schreibt dagegen Zvy Yavetz, „zwischen den beiden Weltkriegen herrschte in weiten Kreisen Antisemitismus.“[37] Nach der Usurpation der Macht durch die Nationalsozialisten, ‚Hitlers Machtergreifung‘, wie sie oft genannt wird, als wäre er allein gewesen und hätte die Macht bloß von der Straße auflesen müssen, wurde der Antisemitismus noch aggressiver und brutaler. Zwar hatte es immer mehr antisemitische Propaganda und Ausschreitungen gegeben, aber viele Jüdinnen und Juden hatten das weggeschwiegen oder weggeredet. Das Resultat war dasselbe. Sie hatten nicht sehen wollen, was sie hätten sehen müssen, sie hatten nicht spüren wollen, was sie hätten spüren müssen. Sie stellten das kommende Unheil in Abrede: Uns wird schon nichts passieren. Sie ließen sich davon leiten, dass in Rumänien vieles beschlossen wurde, was dann nicht umgesetzt wurde; sie glaubten, dass – wie in Rumänien üblich – mit etwas Geld sich sicher eine Lösung erkaufen ließe. Man hatte das Gefühl, die Zeitungen übertrieben maßlos. Als es dann 1937 und 1938 wirklich eng wurde – die Regierung hatte nicht nur antijüdische Gesetze erlassen, sondern sorgte auch für deren Einhaltung – waren viele Jüdinnen und Juden überrascht. Damit hatten sie nicht gerechnet. Man muss ihnen aber auch zugutehalten, dass sie wenig überzeugende Perspektiven hatten. Sie waren in Czernowitz verankert, es ging einem großen Teil von ihnen nicht schlecht, zum Teil sogar gut. Wohin hätten sie auswandern sollen: nach Palästina? Das galt als unsicher. Schließlich war nicht jeder gleich Zionist. Nach den Vereinigten Staaten von Amerika? Nicht jede und jeder hatte einen Onkel in Amerika. Nach Madagaskar? Das war nicht besser. Nach weißgottwo? Das waren nicht wirklich gute Ideen. Noch litt niemand Hunger in Czernowitz. Das würde sich schon geben. Als dann der Hitler-Stalin-Pakt die Nordbukowina an die Sowjetunion angliederte, war man dem gegenüber gar nicht so abgeneigt. Der Einmarsch der Roten Armee 1940 war nicht ungern gesehen. Allerdings folgte die Ernüchterung sofort.

Den Verhaftungen und Deportationen folgten Verzweiflung, Tod; wer irgendwie konnte, wanderte aus. Für viele war es zu spät. Nach dem Krieg fanden die Jüdinnen und Juden keinen Weg zurück nach Czernowitz. Die üblen Erfahrungen schreckten ab. Die antireligiöse Sowjetunion bot keine Verlockung. In die Emigration getrieben, pflegten und pflegen die Jüdinnen und Juden das weitverzweigte Netz von Verwandten und Bekannten. Es gibt kaum jemanden, die oder der nicht eine Tante oder einen Onkel in „Übersee“ oder sonst wo auf der Welt hat. Womit man dann wieder da wäre, wo Rose Ausländer begonnen hat: „Weil die Welt in Czernowitz zu mir kam.“[38]

Die Familien, die Eltern – West und Ost

In der Familie von Margot Ringwald treffen sich der Westen und der Osten auf eigenartige Weise. Der Vater, Mendel Gottesmann, stammt von russischen, aschkenasischen Juden ab. Aber das Wie und Warum, woher er genau kommt, das wusste er selbst nicht so genau. „Ihn hat das nicht interessiert", ist Margot Ringwald überzeugt. Die Familie der Mutter, Henriette, kam irgendwann dank eines orientalischen Paschas, der ihr ein großes Gut vermacht hatte, nach Czernowitz in der Bukowina. „Durch die Kinder", durch das stete Weitervererben, „ist dann aber nichts geblieben." Die Familie hieß Türkisch. Das deutet nicht als Erstes darauf hin, dass sie sephardische Juden irgendwo aus Spanien waren.[39] Offenbar ist die Familie – wie viele andere von der iberischen Halbinsel vertriebene Judenfamilien auch – ins Osmanische Reich ausgewandert, wo der Name herstammt. Die Juden kannten lange Zeit keine Familiennamen. Als Preis für die bessere Integration wurden sie in den europäischen Fürstenstaaten des 18. und 19. Jahrhunderts gezwungen, sich wie die christlichen Familien unterscheidbare und gleichbleibende Familiennamen zuzulegen.

Der Onkel von Margot Ringwald, Isidor, Bubi gerufen, schildert die Herkunft in einem Brief[40], der Margot Ringwald erhalten blieb und ihr viel bedeutet, so:

> Väterlicherseits waren […] alle Mitglieder der Familie im männlichen Stamm Czernowitzer. […] Grossvater wird […] seinen Namen, d.h. seinen Zunamen ungefähr um 1780 erhalten haben, als alle Juden durch Verordnung Kaiser Josefs deutsche Namen erhielten. Er dürfte, da die Bukowina damals einen Teil (bis 1875) der Moldau bildete und unter türkischer Oberherrschaft stand, aus der Türkei gestammt haben und wahrscheinlich sephardischen Ursprungs gewesen sein, denn in der Türkei lebten zu fast 90 Prozent nur Sephardim. Der Vater meines Vaters hiess Israel Türkisch und war Professor […] ein sehr gelehrter Mann, der ein intimer Freund des damaligen Oberrabbiners von Czernowitz Dr. Igel war und mit ihm die fortschrittliche Richtung in der Gemeinde vertrat. Es gab damals nämlich zwei Richtungen: Eine streng orthodoxe, die Aufklärung verabscheuten, Deutsch und deutsche Kultur verabscheuten, was sie als Beginn einer völligen Assimilierung und schließlich auch Taufe ansahen, und eine zweite Richtung der Aufklärung, die im deutschen Sprach und Kulturgebiet kurz vorher vom Moses Mendelssohn[41] in Berlin propagiert wurde und einen eifrigen Vertreter im Oberrabbiner Dr. Igel[42] in Czernowitz fand. Zusammen mit Dr. Igel und anderen fortschrittlichen

> Persönlichkeiten war mein Grossvater Mitgründer der Israelitisch-deutschen Volksschule in der Heingasse und Autor einer deutschen Grammatik. [...] Ich weiss nur noch, dass mein seliger Vater früh Waise blieb und noch zwei Brüder hatte. Einer hiess Moritz Türkisch und war Advokat in Siebenbürgen (Elesd)[43]. Der andere hiess Josef Türkisch, Schuhfabrikant und Schuhkaufmann in Frankfurt am Main, wo er mit der Familie des jüdischen Grossgrundbesitzers Terebessy verschwägert war und drei Kinder hatte: Bubi, Paula und Clara Türkisch. Er selbst und seine Kinder starben an Tuberkulose. Meine Grossmutter (nun gehe ich zum weiblichen Teil über), die Jente Türkisch geb. Bacher hiess und aus Suceava stammte und, wie gesagt, früh Witwe blieb, war ein ganz hervorragender Mensch. Deine teure Mama war eine lebende Kopie von ihr äusserlich und charakterlich. Als mein Grossvater starb und sie mit drei kleinen Buben zurückblieb, lernte sie den Hebammenberuf und erhielt die Familie. [...] Nun, meine Mutter, Marie Türkisch geb. Reisberg im Jüdischen: Marjem Bass Menachem Mendel, ganz wie du heisst, denn auch Dein Vater hiess zufällig Menachem Mendel, war im Jahre 1875 geboren und eine begabte und gebildete Frau, die in damaligen vornehmen Kreisen von Czernowitz verkehrte und daher, da der Bürgermeister von Czernowitz Dr. Kochanowski[44] Pole war und auch sonst die Polen in der Gesellschaft eine grosse Rolle spielten, perfekt polnisch und französisch sprach und, wie mir ihre Schwestern, meine Tanten, erzählten, viel persönlichen Charme hatte. Sie starb an einer Geburt im Alter von 39 Jahren. Ihr Vater, mein Grossvater Mendel Reisberg, kam aus Galizien nach Czernowitz und heiratete meine Grossmutter Channa Kula, eine Familie, die das Gut in Rarancea neben Sadagura besaß. Diese Grossmutter starb auch an Tuberkulose. Deine Mutter trug den Namen beider Grossmütter, nämlich Jente-Channa im Jüdischen, was meine Mutter mit ihrer Kombinationsgabe zu Henriette zusammenreimte. Deine Mama war das erste Kind und das Lieblingskind meines Vaters, weil sie seiner Mutter so ähnlich war. Mütterlicherseits weiss ich noch, dass die Kulas alle Riesenmänner waren. [...] Die Kulas lebten in Rarancea seit der Türkenzeit machten viel Geld mit Armeelieferungen an die Türkenarmee und sollen das Gut aus der österreichischen Zeit besessen haben. Ich weiss noch, dass mein Grossvater mütterlicherseits, Mendel Reisberg, im vormaligen Weltkrieg zum zweiten Mal geheiratet hat und mit seiner zweiten Frau, die aus Russland stammte und die Schwiegermutter der Tante Leena war, nach Amerika auswanderte. Ihr Sohn Adolf Reisberg [...] starb in New York.

Margots Großmutter war früh, mit 39 Jahren, an einer Geburt gestorben – wie dies oft der Fall war. „Ich glaube beim sechsten Kind", sagt Margot Ringwald. Mit ihren vier Geschwistern war ihre Mutter zurückgeblieben. „Ein Bruder, das war ihr liebster, der half ihr auch; und zwei Mädchen, Zwillinge, die waren schwierig. Die eine hatte sich auch nicht recht entwickelt. Die machten ihr ganzes Leben kaputt. Und da war dann noch der Jüngste, den liebte sie wie ihr eigenes Kind, und sie musste ja für ihn sorgen. Sie war 15, im Ersten Weltkrieg." Der Großvater, er war Polizeikommissar, unterstützte sie. Als die Russen Czernowitz einnahmen, wollten sie den Großvater verhaften. Die 15-Jährige stand da mit ihren Geschwistern; ganz elend sah sie aus. Tränen rannen ihr übers Gesicht. Was sollte nur werden? Da heulten die Soldaten mit und ließen den Großvater bei ihr. „Der Großvater war dann auch an der Front. Er starb am Flecktyphus, und da war sie plötzlich doch allein."

Die unzähligen Dramen des Ersten Weltkriegs mit seinen rund 17 Millionen Toten sind heute fast vergessen. Der Erste Weltkrieg ist nicht nur, weil er länger zurückliegt, für viele unbekannter als der Zweite. Zwar fanden viele Unbeteiligte den Tod, sei es durch direkte Gewalteinwirkung, sei es durch Hungersnöte und Krankheiten, aber man hat ihn wohl auch deswegen etwas abseits liegen lassen, weil er dennoch mehr als ein ‚richtiger' Krieg angesehen wurde: Front gegen Front, Armee gegen Armee, Soldat gegen Soldat. Während im Zweiten Weltkrieg durch Rassenhass und Bombenkriege noch weit mehr die unbeteiligte Zivilbevölkerung geopfert wurde, blieb der Erste Weltkrieg lange Zeit etwas für Militärhistoriker.

Auch der Vater von Margot Ringwald war ganz am Schluss des Kriegs als junger Mann an der Front. Er diente als Rechnungsoffizier an der italienischen Front. Alles wurde aufgeboten. Das Infanterieregiment Nr. 41 Erzherzog Eugen, das Hausregiment der Bukowina, war eine polyglotte Truppe: Ruthenen, Rumänen, Polen aus dem Osten der untergehenden kaiserlich und königlichen österreichisch-ungarischen Monarchie. Selbstverständlich waren auch viele Juden unter den Soldaten. Es gibt die Geschichte von den Soldaten am Lagerfeuer, die Margot Ringwald erzählt. Einer zog über die Juden her, gab üble Geschichtchen zum Besten, tat sich hervor, suchte billig den Beifall der anderen. Als sich Margots Vater als Jude zu erkennen gab, da machte er ein erstauntes Gesicht und sagte: ‚Aber warum? Du bist ja wie wir.'

Viele Jahre später verfasste sein Bruder für ihn einen Lebenslauf in deutscher Sprache, der auch zu Margot Ringwalds Dokumentensammlung gehört. Er könnte beispielhafter für ein jüdisches Schicksal nicht sein.

> Ich bin im Jahre 1888, 1.4. als Sohn der Kaufleute Jacob und Ita Gottesmann in Sereth, Bukowina, damals oester.-ung. Monarchie geboren. Nach Absolvierung meiner Gymnasialstudien besuchte ich die 3-jährige, höhere Handelsschule in Czernowitz.
>
> Nach Beendigung meiner Spezialisierung im Versicherungswesen im Jahre 1908 trat ich in die Dienste der ‚Foncière', allgemeine Versicherungs-Gesellschaft als Beamter ein.

Im Jahre 1912 wurde ich seitens der Generaldirektion in Budapest aus Mangel an Fachleuten nach der Filialdirektion für Galizien und die Bukowina nach Lemberg entsandt, wo ich bis zum Ausbruch des ersten Weltkrieges als Oberbeamter tätig war.
Nachdem die Filialdirektion in Lemberg infolge Heranrückens des Feindes (der Russen) nach Wien verlegt wurde, ging ich nach Wien und arbeitete dort in derselben Eigenschaft bis November 1914.
Zu diesem Zeitpunkte wurde ich zur Generaldirektion nach Budapest berufen, weil ich einziger von den noch verbliebenen Fachleuten die Situation des Galizien-Bukowina-Geschäfts beherrschte.
Im April 1915 wurde ich nach Wien zur Regionaldirektion der ‚Foncière' für Galizien und Bukowina, seinerzeit Wien berufen, wo ich auch bis zum Jahre 1918 als Chefbuchhalter und Prokurist tätig war und als unentbehrlich enthoben war.
In diesem Jahre wurde ich zum 41. Infanterieregiment als Rechnungsoffizier eingezogen und kämpfte an der italienischen Front bis zur Beendigung des Weltkrieges im Jahre 1918.
Nach Rückkehr von der Front ging ich nach Czernowitz, wo ich die Leitung der Generalagentschaft der ‚Foncière' Allgemeine Versicherungs-Aktiengesellschaft übernahm.
Durch die Annektierung der Bukowina durch Rumänien im Jahre 1919 wurde die ‚Foncière' Allgemeine Versicherungs-Aktiengesellschaft in die rumänische Versicherungs-Aktiengesellschaft ‚Fonciera' umgewandelt und mit der ‚Agricola' Allgemeine Versicherungs-Aktiengesellschaft fusioniert. Diese Anstalt erhielt den Namen ‚Agricola-Fonciera' Allgemeine Versicherung-A.G. und die Czernowitzer Generalagentschaft wurde zur Regionaldirektion für die Bukowina, Bessarabien und die Moldau erhoben. Ich wurde zum Leiter der Regionaldirektion mit dem Titel eines Generalsekretärs ernannt. Mein Einkommen in den letzten Jahren vor Beginn des zweiten Weltkrieges, das sich aus einem monatlichen, sehr hohen Fixum, Provisionen, Expertisen, Remunerationen sowie Bilanzgeldern zusammensetzte, betrug weit mehr als 400'000 Lei jährlich.
Ich war in meiner Heimatstadt als begüterter Mann bekannt, gesellschaftlich in geachteter Position, besass ein eigenes Haus und kostbaren Hausrat.
Ich hatte durch Karriere das Höchste erreicht, was ich im Dienste einer privaten Institution erreichen konnte, hatte durch regelmässige, hohe Beiträge zum Pensionsfonds (ca. 1100.- Goldlei monatlich) zu meiner Altersversorgung beigetragen. Diese Gewissheit ließ mich sorgenfrei sein, da ich im Bewusstsein einer glänzenden Aussicht für mein Alter dahinlebte.
Als der zweite Weltkrieg begann, besetzten die Russen für eine kurze Zeit Czernowitz. Im Juli 1941, als die deutsch-rumänische Armee unsere Heimatstadt wieder besetzte und die nazistischen Behörden die Verwaltung der Stadt übernahmen, konnte ich nicht

> mehr als Leiter der Versicherungs-A.G. ‚Agricola-Fonciera' mein Amt übernehmen, weil ich Jude bin. Über meine Anempfehlung trat an meine Stelle Herr Major Aurel Pop, erster Vizebürgermeister der Stadt Czernowitz.
> Das war das Ende meiner infolge Tüchtigkeit, Arbeitsamkeit und der erworbenen, hervorragenden Fachkenntnisse gemachten Karriere und ich stehe heute nach einem 45-jährigen arbeitsreichen und seinerzeit von Erfolgen gekrönten Leben mit meiner kranken Frau im Alter von 74 Jahren ganz mittellos und ohne jede Versorgung für mein Alter da, das indes mit seinen Problemen ganz unerbittlich hereingebrochen ist.

Margot Ringwalds Vater führte das Leben eines jungen, erfolgreichen Versicherungskaufmannes. Er machte Karriere, verdiente gut und hatte ein angenehmes Leben. Darauf legt der Lebenslauf Gewicht. Er berichtet nicht über den Antisemitismus in Rumänien, die sowjetische Okkupation von 1940 wird nur gerade einmal in einem einzigen Satz erwähnt. Und auch die Zeit des Krieges, von 1941 bis 1944/45, ist bloß knapp dargestellt. Privates kommt – mit Ausnahme der Geburt und der Schulen in Czernowitz – nicht vor, nur Berufliches. Auch die Nachkriegszeit wird nicht erwähnt. Das ist erstaunlich. Denn es gäbe mindestens zwei wichtige private Anlässe, die zu nennen wären: Er heiratete 1926 Henriette Türkisch. Zusammen leisteten sie sich für ihre Hochzeitsreise – wohl mit einer Art ‚Orient-Express' – die Fahrt nach Berlin, in die unbestrittenermaßen wichtigste Stadt in jenen Jahren. „Die Stadt, wo allerlei stattfand", wie Margot Ringwald sagt. Sie selbst wurde 1930 geboren. In Czernowitz.

Abb. 3 Die Mutter und ihre Geschwister.

Die Mutter und ihre Geschwister

Die junge Frau, die zweite von links, ist Margot Ringwalds Mutter, Henriette Türkisch. Neben ihr, in der Mitte, steht Onkel Isidor, genannt Bubi. Margot Ringwald erzählt: „Er war sehr stolz auf seine spanische Herkunft. Bubi studierte Medizin, ging dann nach Bukarest und studierte Jus. Er war es, der immer wieder seine schützende Hand über Margot und ihre Eltern hielt. Der jüngere Bruder, Martin, war Goldschmied. Er war verliebt in ein junges Mädchen aus reichem Haus. Die Eltern wollten ihn aber nicht, den armen Schlucker. Sie heirateten trotzdem. Dann ging er nach Brasilien, um – wie er sagte – Geld zu machen. Sie liebte ihn sehr und wartete auf ihn. Er starb in Brasilien mit 28 an den Folgen einer Blinddarmentzündung. Die beiden Schwestern machten als kleine Mädchen meiner Mutter das Leben schwer. Sie musste sie ja nach dem Tod der Eltern betreuen und erziehen. Die Blanca – sie steht ganz links – arbeitete als Sekretärin, trug ein Kreuz, damit man sie nicht für eine Jüdin halte, und überlebte in Bukarest mit falschen Papieren. Sie heiratete einen Russen. Der wollte sie mitnehmen, aber meine Mutter ließ sie nicht gehen und versteckte sie, weil er sie schlecht behandelte und immer wieder verprügelte. Sie ging dann nach Israel. Die Liese lebte in Berlin. Ein Herr Hahn wollte sie heiraten, starb aber noch vor ihrer Hochzeit. Die Arme blieb und kam dann nach Rumänien. Sie war Köchin und Säuglingspflegerin. Ihr Cousin, Poldi, holte sie nach England. Dort ist sie dann gestorben. Die Familie, bei der sie arbeitete, hatte ein Baby, das sie sehr liebte. Sie arbeitete dann bei Christina Onassis[45] und der Schauspielerin Claire Bloom[46] und war später Chefin in der Kantine von Metro-Goldwyn-Mayer[47], der berühmten MGM, in London."

Vergangene Welt – Jüdisches Leben im alten Czernowitz

Wenn Margot Ringwald erzählt, dass sie Jüdin ist und aus Czernowitz in Rumänien stammt, dann erwarten die Zuhörerinnen und Zuhörer fast selbstverständlich, dass sie über ihr Leben im Zweiten Weltkrieg berichtet. In einem Leben wie demjenigen von Margot Ringwald dreht sich tatsächlich vieles um den Zweiten Weltkrieg. Viele Geschichten, an die sie sich erinnert, stammen aus dieser Zeit. Das ist mehr als verständlich. Jene turbulenten, aufregenden und so durch und durch unsicheren Zeiten prägten die Erinnerung mehr als anderes. Margot Ringwald widerfuhr das enorme Glück, dass sie nie den Horror der Deportation erfahren musste. Sie ist für dieses Glück dankbar. Heute ist vieles über die Vernichtung der europäischen Jüdinnen und Juden bekannt. Über alles gibt es Bilder, Filme, Bücher. Auch über die grauenvollen Dinge. Die Aufklärung über all die scheußlichen Verbrechen bewirkt auch eine Abstumpfung im Umgang mit dem Wissen. Wir sind allzu leicht versucht, etwas als wenig spektakulär zu bezeichnen, was nicht in unsere fantasievollen Vorstellungen des Elends passt. Ob Text, ob Foto, ob Film – das wirkliche Elend lässt sich kaum in Worte und Bilder fassen.

Auch wenn Margot Ringwald das erspart blieb, was wir heute als das Schlimmste bezeichnen, der Horror der nationalsozialistischen Konzentrationslager, so hat sie den Antisemitismus dennoch von vielen Seiten erfahren. Der Judenhass ist keine deutsche Erscheinung allein. Sie unterstreicht dies mit einer Geschichte ihres späteren Mannes, Erwin Ringwald. Er war Jude, sein Vater Sozialdemokrat in Deva, dem deutschen Diemrich, mitten in Siebenbürgen. „Er sagte immer: Schlimmer als die Kriegszeiten waren die Zeiten vor dem Krieg. Da war der Antisemitismus sehr groß. Ich habe schon von seinem Lehrer erzählt, der befahl: Alle Juden sitzen in die erste Reihe, dann ließ er zwei Reihen leer, und dann setzte er die Rumänen weit hinten hin. Nur ein Freund von Erwin setzte sich einfach zu ihm in die erste Reihe, obwohl er nicht jüdisch war. Da war auch ein Grieche in der Schule, der repetierte schon zum dritten Mal. Er war natürlich deswegen größer und stärker. Der schlug den Erwin immer und verhöhnte ihn. Erwin fragte dann seinen Vater. Was soll ich machen? Der Vater riet ihm: Zuerst legst du dir die harten Schuhe, die Bokatsch, an. Die hatten genagelte Sohlen. Und dann, wenn er anfängt, sagte der Vater, trittst du ihn so richtig kräftig vor das Schienbein. Erwin, zack, machte das sofort. Aber alle halfen dem anderen, nicht dem Erwin. So musste man vor dem Krieg immer leiden. Ich zum Glück nicht. Ich war erst zehn. Erwin spürte das sehr. Im Krieg war es dann anders, nicht leichter, aber weniger schlimm. Man wusste, was war. Es war alles klarer."

Was aber war vorher? Wie fing alles an? Margot Ringwald schildert die Welt, aus der sie kommt, als intakte, kulturell interessante, vielsprachige und friedliche Umgebung. „Weil, das war bis zum Ersten Weltkrieg, die K.u.k.-Monarchie, österreichisch, die Umgangssprache war Deutsch. Meine Eltern waren in deutschen, das heißt deutschsprachigen Schulen und konnten damals kein Rumänisch. In ganz Czernowitz war Deutsch die Umgangssprache. Es gab auch Rumänen; es gab auch Ruthenen, so wurden die Ukrainer genannt; es gab allerlei, Polen und so weiter – es war ein schönes Zusammenleben, irgendwie. Deutsche gab es auch. Man lebte zusammen. Es war damals eine zivilisierte Stadt. Es war sogar so: Man sagte, wenn er kein Wiener ist, so ist er Bukowiner. Es gab viele große Schriftsteller. Deutschsprachige. Meistens Juden."

Abb. 4 Margot mit ihren Eltern, wahrscheinlich 1936.

Zur Kur in Calimanesti

Da steht die kleine Margot zwischen ihren Eltern. Sie trägt halbhohe Kniestrümpfe mit einem Muster, einen Faltenrock und eine weiße Bluse, darüber eine Art Blazerjäckchen. Und sie hat eine Handtasche dabei. Eine kleine Erwachsene? War das ein Sabbat, ein Sonntag? „Ich glaube," sagt sie im Gespräch, „das ist speziell. Das war in der Sommerfrische, im Kurort. Da waren alle Leute so schön angezogen. Kinder waren sowieso nicht so wie heute angezogen. Kinder waren schöner angezogen. Nicht unbedingt wie kleine Erwachsene, aber schon schöner." Der Vater trug immer Anzug und Krawatte. „Bis zuletzt. Und er hatte immer Handschuhe. Ein schicker Herr. Die Versicherungsleute mussten so sein. Wie heute die Bankiers."

Auch ihre Mutter ist elegant gekleidet. „Meine Mutter war ein hübsches und sehr gescheites Mädchen. Da erlaubte man ihr, weil sie das Kind eines Staatsbeamten, des K.u.k-Polizeikommissärs, war, die deutsche Schule in Prag zu besuchen. Sie saß in der letzten Bank. Da kam eines Tages der Lehrer und sagte: Henriette Türkisch, wer ist das? Meine Mutter meldete sich schüchtern, sie dachte: Was ist denn jetzt passiert. Der Lehrer lobte sie für den besten Aufsatz der Klasse. Fortan saß sie in der ersten Reihe. Sie war eine ausgezeichnete Schülerin. Sie war in allem sehr gut, studieren konnte sie aber nicht. Sie hätte sehr gerne Medizin studiert. Aber das ging nicht, sie musste ja ihre Geschwister betreuen. Sie hat also die Matur gemacht, mit Bravour. Nachher bildete sie sich einfach immer irgendwie weiter. Sie war an allem sehr interessiert."

Die Mutter wusste aus eigener Erfahrung, wie wichtig eine gute Bildung ist, und unternahm für ihre Tochter Margot alles, damit auch sie eine gute Bildung bekommen konnte. Musik, Theater, Literatur – sie gehörten untrennbar zur Familie Gottesmann. Es gab sogar Hauskonzerte. Doch Margot Ringwald las als Mädchen nicht nur ‚hohe Literatur', auch Kriminalromane faszinierten sie. „Meine Mutter las sehr viel. Der Vater nur Krimis! Edgar Wallace, Agatha Christie, das gab es schon. Wenn ich krank war, durfte ich im Bett meiner Eltern sein. Auf des Vaters Seite lagen Krimis. Das habe ich dann versucht zu lesen. Das hat mir sehr gefallen. Und seither liebe ich Krimis."

Das Bild der kleinen Familie, von Margot und ihren Eltern, ist keine Inszenierung, wie sie damals üblich waren, gestellt im Studio des Fotografen in einer künstlichen Umgebung. Es sieht eher aus wie ein Schnappschuss. Margot Ringwald weiß präzise zu sagen, wann und wo es entstand. „Ich weiß noch genau, wo dieses Foto aufgenommen wurde. Dieses Foto ist von Calimanesti – Caciulata. Wie ich ein Kind war, wahrscheinlich drei, vier Jahre alt, da hatte ich einen Nierenstein oder so etwas. Komisch für ein so kleines Kind. Der ging weg. Doch ich hatte eine Oxalurie, viel zu viel Oxalsäure im Urin, und musste viel trinken. Da musste ich zur Kur nach Calimanesti. Das war ein Kurort mit einer Quelle. Also fuhren wir sofort in den Ferien nach Calimanesti. Wir waren in Caciulata und fuhren mit der Kutsche, mit dem Fiaker, nach Calimanesti. Manchmal setzten mich meine Eltern in die Kutsche und ich fuhr alleine, währenddem sie wanderten. Sie kamen dann später. Das hat mir zwar nicht so gefallen, aber ich bin gegangen. Ich war drei Jahre in Calimanesti zur Kur, immer im Sommer. Jetzt weiß ich nicht, ob mir das geholfen hat, aber seither habe ich nie wieder etwas gehabt – ein Wunder. Ich lernte dort auch eine Freundin kennen, Kaplan hieß sie. Juden aus Rumänien, glaube ich. Der Vater musste eine Kur machen. Da lernten wir sowieso viele Leute kennen, auch ein ganz liebes, herziges junges Mädchen, Klari Lustig. Und die war aus Temeswar, auch Jüdin, die kam dann nach Auschwitz oder so. Ich hatte sie gern."

Diese Ferien im Kurort bezahlte der Vater. Er konnte sich das leisten. Er war als Regionaldirektor der Versicherung gut besoldet. Aber er bezahlte alles selbst. Reise, Aufenthalt für die Eltern, Kur für Margot. Da war keine Krankenkasse, welche die Kosten übernahm. Auf dem Bild ist Margot Ringwald deutlich älter als vier Jahre. Vielleicht wurde die Aufnahme anlässlich des letzten Aufenthalts gemacht. 1936, sagt sie. „Ich bin da sechs Jahre alt."

Spürte man da den Krieg schon kommen? Kaum, der große Teil der jüdischen Bevölkerung in der Bukowina fühlte sich sicher. Nicht frei von antisemitischen Strömungen und Beleidigungen freilich, aber nicht an Leib und Leben bedroht. Selbst 1939 war das noch so. Als Polen angegriffen wurde, kamen polnische Juden zu den Gottesmanns. „Bei uns wohnte eine Familie mit einem kleinen Mädchen", erzählt Margot Ringwald. „Das freute mich sehr, ich fand das toll mit dem Mädchen. Die Eltern des Mädchens sagten immer wieder: Passt auf, das geht weiter. Meine Eltern fanden dann, aber nicht hier, hier geht doch nichts. Da sagten sie: Es ist gefährlich. Die Deutschen behandeln euch auch wie uns. Das wird wohl nicht so schlimm sein, dachten die Eltern."

Die Eltern konnten oder mochten sich nicht vorstellen, was kommen sollte. Sie waren nicht alleine. Viele Jüdinnen und Juden stellten sich taub für die Schilderungen der Schrecken in den von den Nazis eroberten Ländern. Es waren tatsächlich unglaubliche Dinge, die berichtet wurden. War das menschenmöglich? Konnte man das alles glauben, was an Gerüchten geboten wurde? Viele glaubten es nicht. Die Realität hat die Gerüchte bei Weitem überholt.

Und nach dem Krieg gab es nochmals bittere Erfahrungen. „Wir hatten alle unsere Sachen bei guten Freunden der Familie unterstellen können. Sie wollten darauf aufpassen, während des Kriegs. Wir waren ja immer mit nichts unterwegs. Nach dem Krieg sagten sie dann, sie hätten nichts mehr, man hätte sie beraubt. Das stimmte natürlich nicht. Sie gaben nichts zurück. Ich habe das ja nicht so gespürt. Wie schlimm das für die Eltern war, weiß ich nicht. Habe ich erzählt von dem Mann, welcher uns die Wohnung wegnahm? Nach dem Krieg bekamen Vater und Mutter die Adresse von ihm – er war nicht mehr in Czernowitz – sie fuhren zu ihm. Er gab zu, ja, ich habe das alles genommen, und sie können es wiederhaben. Aber die Möbel waren alle kaputt. Ich weiß nicht, ob er sich entschuldigt hat oder nicht."

Vor diesem Hintergrund wird das Bild aus Calimanesti zum Zitat einer glücklichen Zeit mit den Eltern – auch wenn es eine Trinkkur war. „Ich musste zur Quelle gehen, das Wasser holen. Und das hat nach Schwefel gestunken. Grässlich. Aber ich musste das trinken. Vielleicht hat es ja genützt. Ich weiß es nicht."

Erziehung, Bildung, Schule – Die Sprachen als Zugang zur Welt

In der Bukowina sprach man Deutsch. „Ich habe die Primarschule in deutscher Sprache gemacht", erzählt Margot Ringwald. „Das war damals möglich. Für alle. Wo man selbstverständlich Rumänisch gelernt hat. Bestimmte Gegenstände wurden in Rumänisch unterrichtet. Immer zu Anfang des Schultages beteten wir das Vaterunser. Aber: Ich kann sagen, in der Klasse waren etwa zu 98 Prozent jüdische Kinder. Obwohl es keine jüdische Schule war. Da waren dann noch zwei oder drei Rumänen, Nichtjuden. Es gab keinen Unterschied. Das war eine ganz normale deutsche Primarschule. Wir hatten sehr gute Lehrer. Ich weiß gar nicht, ob es eine jüdische Schule gegeben hätte."

Ihre Mutter war eine Frau, die in die Zukunft blickte und die Chance der Mehrsprachigkeit erkannte. Für Margot Ringwald war sie die bestimmende Kraft der kleinen Familie: „Meine Mutter, die war – wie Bernard Shaw[48] die Frauen beschrieben hat – a lifestream. Meine Mutter war eine sehr praktische Frau, mein Vater war gut, lieb, nie böse. Mein Vater war ein bisschen wie ich. Eher passiv. Er verließ sich dann auf meine Mutter."

Die Mutter wollte unbedingt, dass ihre Tochter Margot von klein auf Sprachen lernen sollte. „Ich war damals fünf. Da hat sie einen Franzosen angestellt, der einmal in der Woche kommen und mit mir Französisch sprechen sollte. So sprach ich einmal in der Woche Französisch. Später machte ich dann alles in Französisch: das Baccalauréat, das Gymnasium und so. In Englisch unterrichtete mich meine Mutter selbst. Und dann hatte ich eine junge Frau, die hat mit mir Hebräisch gelernt und gelesen – ‹Bereschit›, die Genesis zum Beispiel."

Den Reichtum, den ihr ihre vielfältigen Sprachkenntnisse brachten, schätzt Margot Ringwald heute als enorm ein. Nicht nur konnte sie später auch den Lebensunterhalt als Sprachlehrerin bestreiten, nicht nur kann sie heute noch die Originale der Weltliteratur lesen – doch vor allem macht ihr Freude, dass sie den jüngeren Nachbarskindern Nachhilfeunterricht geben oder fremdsprachige Texte korrigieren und damit zeigen kann, wie wichtig Sprachen sind.

Nicht nur in den Sprachen, auch in ihren religiösen Anschauungen wurde sie von vielen verschiedenen Kulturen beeinflusst. Als jüdisches Kind war Margot Ringwald sehr angetan von den kleinen Jesus-Figuren bei der adventistischen Gemeinde[49], wohin sie ihr Dienstmädchen mitgenommen hatte. Sie erzählt: „Wir hatten ein Dienstmädchen, Rosa Theiss. Sie hatte bis zum Tod Verbindung mit meiner Mutter. Sie war eine Zipserin, eine Angehörige dieser deutschen Minderheit in Nordrumänien und der Bukowina, und ging nach Deutschland. Sie war eine Adventistin. Ich wäre so gerne Adventistin gewesen. Die hatten so schöne Bilder. Als die rumänischen Legionäre, die Rechtsradikalen kamen, da nahm der Prediger der Adventisten uns mit und gab uns Essen, Nüsse und Honig. Das ist speziell bei den Adventisten." Margot Ringwald tat dann, was man eben als Kind tut, sie stellte auch ihre Schuhe hin und setzte sich daneben, um den Nikolaus zu sehen. Sie hegte die Hoffnung, dass er auch ihr etwas bringen werde. Sie schlief ein, und als sie aufwachte, lagen Bonbons in den Schuhen.

Margot Ringwald erinnert sich an schöne, unbeschwerte Kinderjahre. Sie liebte das Tanzen und wollte Choreografin werden. Sie träumte auch später noch davon, aber an so etwas war nicht einmal entfernt zu denken. „Wir Kinder hatten es schön, relativ hübsch, sehr einfach halt, aber ich konnte tanzen und singen. Ich war ja in einem Chor. Und ich war bei diesem berühmten Tanzlehrer, Kravtsov hieß er. Wir machten wunderschöne Vorstellungen im Theater. Und dort machten wir Vorstellungen für Kinder, zum Beispiel ‚Das goldene Fischchen'. Ich hatte gute Rollen. Einmal war ich krank. Aber ich musste gehen. Meine Mutter sagte. Das geht doch nicht. Du bist doch krank. Ich sagte, ich muss gehen. Mein Vater sagte, lass sie gehen, sie muss jetzt gehen. Das war wunderschön. Einige schöne Vorstellungen haben wir gehabt. Und es waren auch nationale Gruppen. Die polnische Gruppe machte polnische Volkstänze. Aber wir tanzten auch zusammen. Wir machten alles. Und wir waren alle gut miteinander. Vor dem Krieg war ein gutes Zusammenleben. Man hasste einander nicht. Im Gegenteil."

Abb. 5 Kindergeburtstag am 1. März 1939.

Kindergeburtstag

Dreizehn Kinder in Festtagskleidung. Das war an und für sich als Fotografie in den 1930er-Jahren nichts Besonderes. Noch gab es kaum ‚Schnappschüsse', Fotografieren war aufwändig. Meistens waren die Szenen gestellt. Hier nicht. Das Bild wirkt spontan. Die Jungen tragen Krawatten, zwei Mädchen haben weiße Schleifen in den Haaren, mehrere tragen einen weißen Kragen. Eines hat sogar eine Armbanduhr an. Es muss ein besonderer Anlass gewesen sein, den diese fotografische Erinnerung bewahrt. Margot Ringwald kann sich nicht mehr an alle Kinder erinnern, die auf dem Bild sind.

Zwei Kinder, die beiden in der ersten Reihe rechts, lachen. Vordergründig sieht das nach einem fröhlichen Bild aus. Aber Ines Kümmelmann, das kleine Mädchen in der Mitte mit der Puppe im Arm, schaut nicht froh in die Kamera, eher etwas bekümmert. Und auch der kleine Junge ganz links, mit Schlips und weißem Hemd, kann den skeptischen Blick nicht ganz ablegen.

In der zweiten Reihe in der Mitte steht Margot Gottesmann. Sie lächelt. Eher aus Höflichkeit als aus dem Herzen? Das Lächeln wirkt etwas aufgesetzt. Sie ist die Größte in der Kinderschar. Sie ist etwa zehn Jahre alt. Das wäre dann 1940 gewesen. „Nein", sagt sie entschlossen, „da hat man nicht mehr Geburtstage gefeiert. Vielleicht war es 1939." Es war tatsächlich der 1. März 1939. So ist es auf der Rückseite der Fotografie von Hand notiert.

Trixi, mit dem karierten Rock, ihre Freundin, hatte Geburtstag und feierte. „Trixi ist da; sie wohnte im gleichen Haus. Im Haus waren drei jüdische Familien. Das war ein schönes Haus und hinten raus gab es einen wunderbaren Park vom Spital. Es war eine Sackgasse und sehr ruhig. Also da war ihm ersten Stock eine Familie, die Familie Löbl. Dann kamen wir, und oben waren die Lauder, die Trixi, die habe ich schon erwähnt. Sie war Kunstmalerin und Bühnenbildnerin, heiratete in Brasilien. Wir waren sehr befreundet. Die Eltern auch. Eigentlich hießen sie zuerst Laufer, aber dann Lauder, ich weiß nicht weshalb. Die gingen dann nach Brasilien. In Brasilien wurde er sehr reich, mit Mühlen, was weiß ich was. Die Trixi studierte Malerei in Paris, sie heiratete einen Japaner aus Brasilien."

Eine andere Kindergeschichte ist die von Lollo. Er ist nicht auf dem Bild; er gehörte nicht dazu. „Lollo. Das war der Bub vom Abwart[50]. Mit ihm spielte ich. Die anderen Kinder durften nicht. Mittelstandskinder spielten nicht mit dem Abwartsbuben. Ich schon. Wir hatten keinen Garten. Hinten war ein Hof mit einer Teppichklopfstange. Da spielten Lollo und ich."

Ines Kümmelmann starb vor Hunger in Transnistrien. Jutta ist dabei, das Mädchen mit der Armbanduhr rechts neben der Ines, eine Cousine von Trixi. Die beste Freundin von Margot, Silva Birkenfeld, ist auch auf dem Bild. Sie steht gleich rechts neben Margot. Sie reiste nach Israel aus und blieb. Aber wo genau und was genau, muss im Dunkeln bleiben. „Ich weiß nicht, was sie während dem Krieg gemacht haben", sagt Margot. „Im Krieg fiel alles auseinander. Ich habe sie noch gesehen, aber ich habe vergessen, was genau sie gemacht haben. Mit ihr haben wir selber Sandalen gemacht. Wir nahmen Karton und Stoff; die haben noch ganz gut ausgesehen. Es ging auf jeden Fall. Sogar ganz gut. Kinder sind einfach froh, wenn etwas gelingt. Auch wenn sie wenig haben. Kinder sehen die Welt anders. Im Ghetto, als wir 22 Personen waren, da spielten wir Kinder. Kinder nehmen die Not anders wahr. Und da ist noch Eddy." Eddy Birkenfeld. „Die Birkenfelds wohnten neben uns in der Nähe." Er ist auf dem Bild in der vorderen Reihe ganz rechts außen.

Die Religion – „Die Menschen müssen gleich sein“

Es ist erstaunlich, weil einem nicht bewusst: Margot Ringwald hatte keinen Religionsunterricht. Vorschnell nimmt man an, dass eine jüdische Erziehung immer auch eine religiöse ist. Wer nicht Jüdin oder Jude ist, stellt sich oft vor, die jüdischen Mitmenschen seien allesamt deutlich religiöser als ‚wir'. Bei Margot Ringwald war dies aber gerade nicht der Fall. Da sie eine nichtjüdische Schullaufbahn hinter sich hat, verortet sie Defizite in ihren Kenntnissen der jüdischen Religion: „Ich hatte keinen Religionsunterricht. Ich erinnere mich nicht daran, dass ich welchen gehabt hätte.“ Sie hat nie „Religion gelernt“, die jüdische nicht, aber auch keine andere. „Ich weiß nicht viel“, sagt sie. Alles, was sie weiß, sagt sie, habe sie von ihrer Tochter Ilana gelernt. Ilana ist 1969 in der Schweiz geboren. Sie lebt heute als Musikerin in New York.

Margot Ringwald widerspricht sofort, dass bei den Juden Volk und Religion eins seien. „Was ist das Judentum?“, fragt sie. „Volk oder Religion? Die Antwort ist: beides. Es gibt sehr viele Juden, die als Volk Juden sind, aber sie sind nicht religiös. Und es gibt solche, die sehr religiös sind, aber die nicht einmal den Staat anerkennen. Es gibt Volk und Religion. Beides.“

Margot Ringwald ist in einer jüdischen Familie aufgewachsen, in der die verschiedenen Richtungen der Religion vertreten waren. Fromme Jüdinnen lebten neben Zionistinnen. Für Margot Ringwald blieb das Judentum aus Tradition. „Meine Großmutter war – soviel ich weiß – sehr religiös. Ihr Mann stürzte mit 41 die Treppe hinunter und starb. Und sie war ganz arm. Sie ernährte die Kinder irgendwie. Die Tochter lebte mit ihr bis zuletzt. Deren Mann starb auch. Sie war eine große Zionistin. Religion war lediglich Tradition. Der älteste Sohn, Josef, war noch relativ religiös. Seine Frau auch. Und der wurde nach Sibirien deportiert – als Kapitalist – und ist dort gestorben. Der zweite Sohn, der Hermann, den haben sie nicht erwischt, der war so religiös, wie es Tradition war. Alle feierten die großen Feiertage. Seine Frau kochte hervorragend. Sie hatten einen wunderschönen Garten. Und dann war da mein Vater. Der war nicht religiös. Er hielt sich an die Feiertage. Meine Mutter war aus einem Haus des Traditionalismus. Man feierte schön die Feiertage. Weil meine Großmutter so religiös war, machte meine Mutter, was sie ihr sagte. Meine Mutter hatte ja keine Eltern mehr. Großmutter liebte sie am meisten von allen Schwiegertöchtern, weil sie ihr Respekt zollte. Deswegen hielt meine Mutter eine koschere Küche: Für die

Großmutter. Als sie dann starb, war das fertig. Es war Tradition, nicht Religion an und für sich.“

Margot Ringwald lacht, wenn sie erzählt, dass ihr Vater heimlich Schinken aß. Aber große Unterschiede zu vielen Christinnen und Christen sieht sie nicht. Es war so, „wie man hier Weihnachten feiert oder Ostern. Man beging die Feiertage. Und das war es. Aber man wusste: Wir sind jüdisch.“ Viele blieben auch in den schwierigsten Situationen ihres Lebens beim jüdischen Glauben. „Die meisten Leute aus Czernowitz sind Juden geblieben. Ob sie glaubten oder nicht, sie blieben Juden. Sie ließen sich nicht taufen. So war ich auch. Ob jetzt Holocaust, ob Shoa.[51] Das war es. Was sollen wir machen?“ „Und der Antisemitismus“, fährt sie fort, „war immer da und bleibt auch immer da, glaube ich.“

Religion, das ist für Margot Ringwald nicht per se etwas Gutes. „Manchmal denke ich, dass die Religionen gut sind, aber anderseits sind sie störend“, sagt sie. Weil so viel extrem ist, weil jeder behauptet, nur er allein habe Recht. Oder wie Erwin Ringwald immer sagte: „Der eine bittet den lieben Gott, sein Gegenüber bittet auch den lieben Gott. Dabei gibt es doch nur einen Gott. Was soll er denn machen, der liebe Gott? Es ist unlogisch.“ Die ultraorthodoxen Juden sind nicht ihre Freunde. „Die machen so viele Probleme! Sie sagen: Wir stimmen mit euch, aber nur wenn wir das und das bekommen. Da war doch die große Frage. Die leisten doch in Israel keinen Militärdienst. Gut, sagte Ben Gurion[52] zuerst, dann macht ihr kein Militär. Die Ultraorthodoxen, sie haben zwar das Judentum bewahrt, aber“, sagt sie, „sie bringen auch das Volk auseinander.“

Und sie verbindet das zugleich mit dem Allgemeinen: „In sehr vielen Religionen gibt es die unversöhnlichen Extremisten. Das ist schade. Und die hetzen alle auf. Wir kennen so viele Leute in Israel, die sehr gut mit den Arabern leben. Meine Cousine zum Beispiel. Die hat einen Coiffeur, die trinken zusammen Kaffee. Kein Problem. Aber andere, die sind aufgehetzt wie verrückt. Die Schüler in den besetzten Gebieten wiederum lernen schießen – auf die Juden. Das ist die schreckliche Hetzerei von jenen Leuten, die Macht wollen.“

Margot Ringwald sieht die Gefahr der Religionen vor allem auf dem Land: „Die Menschen in der Stadt, die denken vielleicht anders, aber die auf dem Land, die kennen oft nichts anderes. Nicht in der Schweiz, aber in Asien, in Osteuropa. Ihre Religion ist dann das einzige Richtige, das Echte. Was andere glauben, ist falsch.“ Sie selbst ist deutlich großzügiger. „Ich bin so. Ich wünsche mir, dass der liebe Gott da ist, oder etwas Ähnliches, das mir helfen kann. Aber ich bin nicht sicher. Trotzdem. Ich bin so erzogen, und das mache ich so. Für mich kann jeder Gläubige seinen Weg zum lieben Gott wählen. Der Buddhist, der Jude, der Christ, der Muslim. Jeder hat seinen Weg. Aber keiner soll den anderen forcieren, den anderen zwingen.“

Nur eines mag sie dabei nicht, wenn man von Toleranz redet. „Toleranz, sagte Erwin immer, ist eine Beleidigung. Weil Toleranz bedeutet, dass du tolerierst. Aber die Menschen müssen gleich sein.“

Abb. 6 Sandu, Erwin und zwei Kollegen, um 1940.

Die Freundschaft

Die Käppi sitzen zum Teil reichlich keck und schief. Die lässig hochgeschlagenen Kragen der Wintermäntel unterstreichen den leicht verwegenen Ausdruck, den das Bild vermittelt. Die vier gutaussehenden jungen Männer sind Erwin Ringwald, ganz rechts, Alexander Campean, in der Mitte stehend, und zwei weitere Schulkollegen, an deren Namen Margot Ringwald sich nicht mehr erinnern kann. Die Käppi, wie sie in Studentenverbindungen getragen werden, waren auch in Mittelschulen Brauch. Derjenige, der auf dem Hocker sitzt, trägt am Mantel einen Aufnäher, von dem Margot Ringwald sagt, er sei das Signet der Schule und Teil der Uniform.

Erwin und Alexander waren wirklich gute Freunde. Margot Ringwald belegt diese große Freundschaft mit der folgenden Begebenheit.

Sandu, wie sie den Alexander nannten, stand auf, packte einfach seine sieben Sache zusammen und setzte sich mit seinem Freund Erwin in die erste Bankreihe. Freund blieb Freund, da spielte die Religion keine Rolle. Margot Ringwald erzählt: „Als die Faschisten, die rumänische Legionärsbewegung, nach Siebenbürgen kamen, mussten alle Juden in die ersten Bänke, dann zwei Bänke leer." Erwin musste sich an seinen neuen Platz setzen. Und sein Freund Sandu ging mit ihm. Was für ein Zeichen der Treue, was für ein Akt des Ungehorsams für einen Schülerjungen!

„Das ganze Leben waren sie befreundet", berichtet Margot Ringwald. Sandu stand immer zu seinem Freund Erwin. Erwins Vater war Sozialdemokrat und wehrte sich 1947, zwei Jahre nach dem Zweiten Weltkrieg, gegen die Vereinigung der sozialdemokratischen mit der kommunistischen Partei. Das gereichte ihm nicht zum Vorteil. Und dem Sohn Erwin auch nicht. Unter der Ägide von Parteichef Gheorghiu-Dej[53] hatten politische Gegner viele Schwierigkeiten. Sie wurden geplagt, inhaftiert, ausgegrenzt, geächtet. Margot Ringwald erzählt das Schicksal von Alexander Campean so. „Sandu besaß das rote Büchlein der Kommunistischen Partei, und dann, als er sah, dass Erwin wegen des Vaters geschlagen wurde, da ging der Sandu hin und sagte: Mir gefällt das alles nicht. Und gab sein Büchlein zurück. Ich bin nicht mehr mit euch zufrieden." Das kann man sich heute fast nicht mehr vorstellen. „Man verdonnerte ihn zum Bau des Donau-Schwarzmeer-Kanals. Er war drei Jahre dort in Zwangsarbeit."

Der Kanal von der Donau ins Schwarze Meer bei Constanza war ein ehrgeiziges riesengroßes Bauprojekt. Von 1949, als der Bau begann, bis 1953, als er aus finanziellen Gründen unterbrochen werden musste, wurden viele Häftlinge eingesetzt. Die Bedingungen für die Tausenden inhaftierten politischen Gegner waren erbärmlich. Wer auf die Großbaustelle kam, musste mit dem Tod rechnen.

Viele Jahre später läutete eines Tages das Telefon bei Erwin Ringwald. „Das war der Sandu. Ich bin in Venedig, sagte er, bitte schick mir Geld. Der Erwin schickte sofort. Ihm gelang die Ausreise aus Rumänien nach Venedig per Schiff. Vielleicht, weil die Großmutter Deutsche in Rumänien war. Er arbeitete als Kohleschaufler auf einem Schiff. Dann konnte er zunächst nach Deutschland; er wollte aber in die Schweiz. Er arbeitete in Genf bei der American Medical International (AMI), musste dann aber zurück nach Deutschland. Er hatte seine Frau und seine zwei Söhne in Rumänien zurückgelassen. Die musste er jetzt auskaufen. Der Anwalt in London, der Jacober[54], ein jüdischer Anwalt, besorgte das. Für viel Geld. Erwin gab ihm ziemlich viel. Sandu selber hatte gespart. Und mit dem Ersparten und Erwins Geld kaufte er die drei aus. Sie arbeiteten – seine Frau war auch Ärztin – in eigener Praxis in Koblenz. Später gab er Erwin seine Schuld zurück. Nach der Pensionierung kamen er und seine Frau nach Grenzach. Erwin und Sandu trafen sich mindestens einmal pro Woche. Und eines Tages, 74 Jahre waren sie befreundet, teilte er uns mit, dass er Leberkrebs habe und noch ein paar Monate zu leben. Es war rührend, wie Erwin und er Abschied genommen haben. Sie umarmten sich und sagten: Also wir treffen uns in der Hölle, in der ersten links.“ Zwei unterschiedliche Religionen konnten sich ihrer Vorstellung nach sehr gut in der Hölle treffen. Ausgerechnet die beiden Männer, welche die Hölle schon erlebt hatten. „Beide waren absolut nicht religiös“, fügt Margot Ringwald an. Sie selbst sieht das etwas anders. Für sie ist das Religiöse etwas Traditionelles. „Etwa so,“ erzählt sie, „wie wenn zwei Überlebende des Konzentrationslagers einander gestehen: Ich glaube nicht, ach, du glaubst auch nicht – oh, es ist Zeit fürs Abendgebet.“ Religion spielte stets eine große Rolle in ihrem Leben. Und in ihrer Familie. Von der sehr religiösen Großmutter über die liberalen Onkel und Tanten bis zu ihrem ausgesprochen religionskundigen, aber bewusst agnostischen Ehemann. Und dann natürlich wegen des Nationalsozialismus und wegen des weitverbreiteten Antisemitismus. Auch heute. Und heute erst recht wieder. „Weshalb“, fragt sie, „müssen Jüdinnen und Juden wieder Angst haben?“

Margot Ringwald ist es völlig egal, wer wozu gehört. Alle sollen tun und lassen können, was sie wollen, wenn sie nur die anderen nicht stören. Religionen sind weit gespannt. Vom einen Extrem zum andern ist es ein weiter Weg. Bei allen ist das eigentlich so. Eines allerdings versteht sie nicht. „Immer, wenn man hier im Film oder im Fernsehen einen Juden braucht, so nimmt man einen orthodoxen. Nie einen liberalen. Weshalb?“ Einen Film wie ‚Wolkenbruch‘ würde sie sich deshalb nie ansehen.[55] „Weil es immer das Gleiche ist.“

Fluchten – Irrungen und Wirrungen

Wenn rings um einen herum alles in Scherben fällt, so muss man auf der Hut sein. Vater, Mutter und Tochter Margot Gottesmann waren das. Immer wieder schafften sie es davonzukommen.

Die Welt des alten Czernowitz, erst recht die jüdische, fiel auseinander. Die Bukowina wurde hin- und hergerissen und durcheinander geschüttelt. 1940 kamen die Russen. Sowjetische Truppen besetzten am 28. Juni den nördlichen Teil der Bukowina. Seitdem war in Czernowitz nichts mehr wie vorher. „Viele, Rumänen sind es gewesen, die sind geflüchtet. Die Russen, die kamen, waren sehr arm. Die kamen und haben aus den Wohnungen der Geflüchteten Schlaf- und Morgenröcke genommen, und die Frauen sind darin spazieren gegangen, weil die aus gutem Stoff waren." Doch schon 1941 kamen die Rumänen zurück und mit ihnen die Deutschen. Hitler hatte die Sowjetunion angreifen lassen. Das „Unternehmen Barbarossa" überrollte den Osten, brachte den Menschen Elend, Verwüstung und Tod. Wieder waren die Machtverhältnisse in der Bukowina andere. Was jetzt kam, war noch schlimmer. Die jüdischen Kinder durften nicht mehr zur Schule gehen, man nahm den jüdischen Familien die Wohnungen weg, presste sie ins Ghetto. Zehntausende fielen der Verfolgung zum Opfer.

Wer konnte, flüchtete. Fluchten wurden vorbereitet, geplant, verschoben, wieder abgesagt. Manchen gelang es wegzukommen. Die Nachbarfamilie der Gottesmanns, die Familie von Trixi Lauder, schaffte es nach Palästina, später nach Brasilien. Das Haus der Gottesmanns wurde mit Beschlag belegt. Alles wurde ihnen weggenommen. Die Wohnung fiel einem Assistenten von Calotescu zu. Corneliu Calotescu[56] war als militärischer Gouverneur der Bukowina verantwortlich für die Verfolgung der Juden.

Den Juden gab man Befehl, ins Ghetto umzuziehen. Margot Ringwald erinnert sich, dass die Faschisten damit begannen, die jüdischen Frauen und Männer, die Familien nach Transnistrien zu deportieren, ein Niemandsland im heutigen Moldawien, wo sie nichts bekamen und nichts hatten. Nur wenige schafften es zu überleben. Die meisten Deportierten krepierten an den Seuchen oder der Kälte, an Hunger und Durst oder an allem zusammen. Margot Ringwald schildert, wie man Transnistrien einschätzte: „Transnistrien war leer, eine Steppe; ein paar Bauern waren da. Die waren zum Teil anständig, die hatten selber nichts zu essen, teilten aber auch eine halbe Kartoffel. Und da mussten die Leute hin. Man ließ sie einfach heraus. Ohne nichts. Man baute nichts. Einfach so. Wir hatten sehr nette Nachbarn. Die Kümmelmanns. Die hatten ein kleines Mädchen, die Ines." Das Mädchen, das auf der Fotografie von Trixis Kindergeburtstag die Puppe im Arm hält. „Mit der Mutter sprach ich, als sie zurückkam. In Transnistrien fragte die kleine Ines ihre Mutter: Warum gibst du mir nichts zu essen? Sie starb mit drei oder vier Jahren." Dahin, in diese unwirtliche, tödliche Einöde verschickte man unzählige jüdische Familien, straßenweise, eine Straße von Czernowitz nach der andern.

Die jüdischen Frauen und Männer bereiteten sich vor. „Alle fingen an, Rucksäcke zu nähen, damit man ein bisschen etwas hatte für Transnistrien. Mein Onkel Hermann – ich muss rasch erzählen, der hatte drei Söhne. Einer wurde erschossen von den Rumänen. Er war Ingenieur in einer Zuckerfabrik. Hatte in Prag studiert und wurde vor den Augen seiner Frau erschossen. Das war ein Sohn. Der älteste war Zahntechniker. Der – irgendwie – ist geblieben. Der dritte Sohn, Otto, war mit dem Vater. Meine Mutter sagte: Wenn sie uns hinschicken, so ist das nicht gut. Wir gehen nicht. Da sagte mein Vater: Wenn der Hermann geht, sein Bruder, dann gehen wir auch." Hermann ging, fror sich die Füße ab und schaffte es dann irgendwann wieder zurück. Otto hielt durch. „Wenn meine Mutter nicht gewesen wäre, so wären wir dreimal tot gewesen", sagt Margot Ringwald. „Sie hatte Recht." Als Straße für Straße geräumt, schaffte es die Mutter, den Transport abzuwenden – mit einer List. „Dann kam immer noch eine Straße, noch eine und noch eine Straße dran. Wir waren in der letzten Straße. Und dann tauchte ein junger Leutnant auf. Der sagte, jetzt wären wir an der Reihe. Da bot ihm meine Mutter zu trinken an. Sie war ja noch relativ jung damals. Sie hatte Likör vorbereitet, er hieß Chat Noir. Der Leutnant trank das mit Vergnügen. Sie goss ihm immer ein. Er war schon ein bisschen beschwipst. Sie sagte: Wir gehen nach Bukarest. Da sagte er: Heute ist es in Ordnung. Aber morgen. Morgen, wenn ich komme, kann ich nichts mehr machen, dann muss ich Sie mitnehmen." Es gab immer wieder solche Ausnahmen. Die Mutter trieb mit dem Likör ein gefährliches Spiel, das rasch hätte katastrophal ausgehen können. Man konnte nie wissen, an wen man geriet. Aber sie schätzte den jungen Leutnant offenbar richtig ein und erreichte, dass die Familie noch eine kleine Frist erhielt. Dank der List und der Ideen der Mutter überlebte sie auch die schlimmsten Wochen.

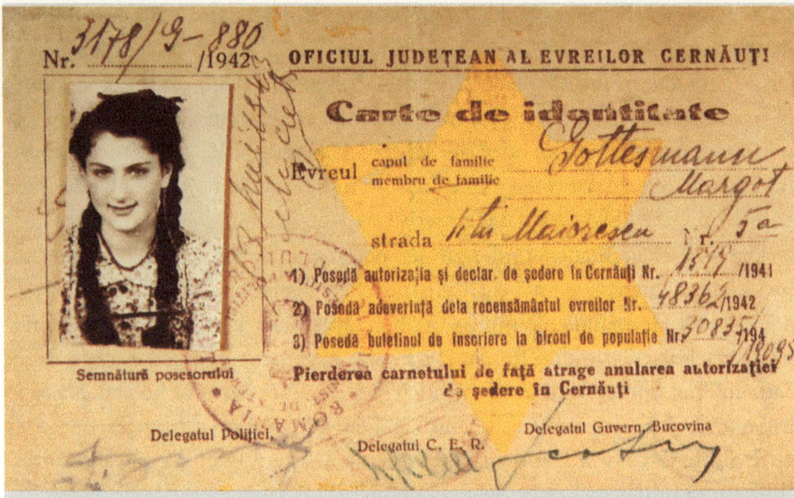
Nr. /1942
OFICIUL JUDEŢEAN AL EVREILOR CERNĂUŢI
Carte de identitate
Evreul capul de familie
membru de familie
Gottesmann
Margot
strada Nr.
1) Posedă autorizaţia şi declar. de şedere în Cernăuţi Nr. /1941
2) Posedă adeverinţă dela recensământul evreilor Nr. /1942
3) Posedă buletinul de inscriere la biroul de populaţie Nr. /194
Semnătura posesorului
Pierderea carnetului de faţă atrage anularea autorizaţiei de şedere în Cernăuţi
Delegatul Poliţiei.
Delegatul C. E. R.
Delegatul Guvern. Bucovina

Abb. 7 Foto des Ausweises von Margot Ringwald.

Symbole des Untergangs

Der Verlust dieses Ausweises, so steht es unten fett geschrieben, bedeutet den Verlust des Aufenthaltsrechts in Czernowitz. Margot Ringwald hat ihn zusammen mit dem Stern bis heute aufbewahrt. Es war die Identitätskarte für die Jüdinnen und Juden in Czernowitz. Am 3. September 1941 wurde Rumäniens Staatsbürgerschaftsgesetz auch für die Bukowina angewandt; damit waren die Jüdinnen und Juden von der rumänischen Staatsbürgerschaft ausgeschlossen.

Der Ausweis zeigt ihr Foto, ihre Unterschrift fehlt; ihre Adresse steht da: Strada Titu Maiorescu 5a. Schon die Straßenbezeichnungen spiegeln die Launen der Geschichte wider: Von der Mikuliczgasse, benannt nach dem berühmten Czernowitzer Arzt und Wissenschaftler Johannes Mikulicz[57], wurde die Straße zur Titu Maiorescu[58] rumänisiert. Maiorescu, ein Mann des 19. Jahrhunderts, war Philosoph und kurz auch Ministerpräsident, ein Verfechter des Rumänischen. Später in Zeiten der ukrainischen Sowjetrepublik wurde sie zur Kotliarevskogo-Straße. So heißt sie heute noch. Kotliarewski[59] war das ukrainische Gegenstück zu Maiorescu. Immerhin war auch er ein Mann der Sprache und nicht ein Krieger. Das passt zu Margot Ringwald.

Man ist überrascht und erstaunt, wie viele Ziffern und Zahlenangaben es brauchte, um diesen einfachen, so elementaren Akt des Überlebens in der Katastrophe zu definieren. Da sind der Besitz, die Volkszählung und das Amt für Bevölkerung genannt mit ihren nummerierten Einträgen, als würden sie den

Judenjäger, den Polizisten, den Soldaten in den Straßen auch nur eine Spur interessieren. Der Davidsstern hinter dem Text weist auf den Stern hin, den sich alle Jüdinnen und Juden sichtbar anheften mussten. Die Identitätskarte war das dokumentarische Gegenstück zum plakativen Stern. Was der Stern plump, direkt und ohne Umschweife signalisierte, wurde durch den Ausweis mit Ziffern und Zahlen unterlegt. Zahlen und Stern sind die Symbole des Untergangs. Eine wahrhaft teuflische Sache. Aber so funktionierte das. Zur sichtbaren Demütigung auf der Straße und in der Öffentlichkeit hinzu wurden noch Hintansetzungen und Entwürdigungen auf dem Amtsweg erfunden. Verantworten mussten das Ganze die Jüdinnen und Juden selbst. Von 1941 bis 1944 gab es die Jüdische Zentrale in Rumänien CER, welche die Identitätskarte mitunterzeichnete. Das „Oficiul Judetean Al Evreilor Cernauti" war der lokale Ableger. Aber der Ausweis wurde mit Sicherheit anderswo entworfen. Für jede und jeden gab es eine Nummer, für die Steuern gab es eine Nummer, für die Registratur gab es eine Nummer. Und alles wurde akkurat abgelegt. Selbst das Elend wurde ordentlich verwaltet.

Die Welt ist voll guter Engel – Bürgermeister Popovici, die Hödls

Margot Ringwald erinnert sich gerne an die vielen guten Menschen, die sie in ihrem Leben kennen lernen durfte. Lieber als an die bösen. „Die Bösen sind meistens oben", sagt sie. „Es gab damals einen Engel! Es gab den Traian Popovici. Der hat Hunderte am Leben erhalten. Popovici rettete Tausende. Er war ja kein Jude, er war Rumäne." Traian Popovici wurde 1892 geboren. Czernowitz war auch seine Heimatstadt. Er hatte ein Studium der Rechte abgeschlossen und war 1940, als die Russen kamen, nach Bukarest gegangen. 1941 kehrte er als Bürgermeister nach Czernowitz zurück. Als der Diktator Antonescu den Befehl gab, ab Oktober 1941 das Ghetto einzurichten, und bis zum November bereits weit über 20.000 Jüdinnen und Juden nach Transnistrien deportiert sein sollten, versah Popovici viele jüdische Menschen mit der behördlichen Erlaubnis zu bleiben. Er holte sich die Bewilligung, zunächst eine Liste von 200 Namen zu erstellen, die vom Transport ausgenommen würden. Auf seinen Protest hin wurde ihm erlaubt, die Liste auf 20.000 zu erweitern. Aber auch diese Zahl erweiterte er eigenmächtig. Die Zahl der Geretteten war groß, etwa 30.000. Er bescheinigte ihnen allen, sie würden gebraucht. Für viele verhinderte Popovici das Schlimmste, das Grauen der Deportation. „Die Toten wurden aus den Zügen hinausgeworfen", berichtet Popovici in seinem Text „Mein Bekenntnis", der in der „Geschichte der Juden in der Bukowina" publiziert wurde.

> Am Dniester wurden sie von allem, das sie noch bei sich hatten, beraubt, ihre Personaldokumente wurden ihnen abgenommen und vernichtet, damit keine Spur von ihnen zurückbleibe; sie wurden in Booten über den Dniester gebracht und begannen Fußmärsche bei Wind, Regen, Unwetter und Morast, barfüßig und hungernd. Sie könnten mit der Beschreibung ihres tragischen Geschickes Bände einer Tragödie füllen, die nur ein Dante zu schreiben imstande wäre. Sie waren Zeugen einer apokalyptischen Verrohung ihrer Peiniger. Bei einem einzigen Transport überlebte von 60 Säuglingen nur einer. Wenn sie ermüdet hinfielen, wurden sie sterbend am Wegrande ihrem Schicksal überlassen. Ihre Leichen waren die Beute der Geier und Hunde. Die an den Bestimmungsort Angekommenen erwartete ein Leben in größtem Elend, es gab keine Hygiene, keine Wohnungen; ohne Holz, ohne Nahrung und Kleidung waren sie erbarmungslos der Laune des Wetters und den Schikanen ihre Wächter und Peiniger ausgesetzt. [...] Sie

> waren dem Nichts preisgegeben, dem Hunger, dem Froste, dem Winter, dem Mangel an Hygiene, dem Flecktyphus und anderen Epidemien, die eine Folge der tierischen Behausung waren. […] Ihre Vernichtung war das Ziel der ‚Evakuierung'.

Als er nach 1942 nicht mehr da war, gab es gar keinen Schutz mehr. „Popovici hat die Menschen einfach gerettet. Er gab uns eine Wohnung, die von Juden war, die schon deportiert waren. Aber es ging weiter. Die, welche jetzt deportiert wurden, nach dem Ghetto, die kamen über den Bug zu den Deutschen. Und da ist keiner zurückgekommen. Keiner. Die Deutschen haben sie empfangen und gleich erschossen. Direkt. Das war ein Horror. Das wussten wir. Ich kriege jetzt noch eine Gänsehaut", sagt Margot Ringwald. „Er hat jetzt ein Denkmal in Yad Vashem." Der Bürgermeister Popovici gehört als einer der wenigen Rumänen zu den ‚Gerechten unter den Völkern', jenen nichtjüdischen Menschen, die sich um die Rettung der Jüdinnen und Juden verdient gemacht hatten und die nach dem Zweiten Weltkrieg von der Gedenkstätte Yad Vashem in diesen Kreis aufgenommen wurden. Es lassen sich bloß 60 Rumäninnen und Rumänen zählen. Immerhin sind es mehr als die 45 Schweizerinnen und Schweizer, die es leichter hatten zu helfen. „Man kann lesen, was er gemacht hat. Er rettete die Menschen auf eigene Verantwortung, und er musste dafür büßen, saß im Gefängnis, glaube ich. Traian Popovici, ein Engel, den vergessen wir nie. Schindler war großartig, bei den Deutschen. Aber Popovici war auch großartig." Popovici wurde 1942 abgesetzt. 1944 setzte er sich für die Rückkehr der Deportierten ein. 1945 sagte er dann im Prozess gegen General Calotescu aus, den militärischen Befehlshaber der Bukowina. Popovici starb bereits 1946. Ironie der Geschichte: Der wegen Massenmord zum Tode verurteilte General hat ihn lange überlebt. Er wurde später zu lebenslanger Haft begnadigt und wiederum später sogar auf freien Fuß gesetzt.

Irgendwann half nichts mehr. Und wer wie die Familie Gottesmann nicht bereit war, sich in den Tod nach Transnistrien treiben zu lassen, konnte sich nur in Verstecken retten. Aber das war alles andere als einfach. Doch es gelang Margots Mutter immer wieder, ein Versteck zu finden, nicht für lange Zeit, das war aussichtslos, aber doch für ein paar Tage. Der stete Wechsel war sehr anstrengend, aufreibend, aber unerlässlich, denn er war die Basis für das Überleben. So wurden sie nicht gefunden. „Mein Onkel Isidor in Bukarest hatte eine deutsche Frau. Die große Liebe. Sie waren 16 Jahre verheiratet. Es war eine ganz schöne Ehe. Eine Deutsche aus Czernowitz. Sie ließ sich nicht scheiden, aber sie verließ ihn, weil er ja Jude war. Mein Onkel hat ihr das nie verziehen. Er schickte ihr immer Pakete, aus Venezuela. Er war dann in Venezuela. Meine Mutter wünschte sich immer, dass sie sich versöhnten, aber das wollte er nicht. Sie hieß Elfe Hödl. Sie hatte auch einen Bruder, der war mit einer Polin verheiratet, die mit Vornamen Wanda hieß. Warum sag ich das? Sie haben mich zu sich genommen. Nein, zuerst haben uns die Hödls in Czernowitz auf dem Dachboden versteckt – zusammen mit einer Tante. Wir durften nicht raus. Wir sind da auf dem Dachboden gesessen. Nur abends durften wir etwas raus. Bis die Transportsache vorbei war. Dann gingen wir wieder zurück in die Wohnung. Dann hat Herr Hödl, er war großartig, mich zu sich genommen. Ich war zwölf."

Allerdings konnten die Hödls nicht alles tun, was notwendig gewesen wäre. Sie konnten nur das Mädchen Margot aufnehmen. „Dann gegen Ende nahmen mich die Hödls auf. Die Eltern waren irgendwo, verlaust, schlimm, ohne Essen. Und ich hatte es so gut. Die Hödls verwöhnten mich. Die Wanda, die war so lieb zu mir. Und immer, wenn ich allein war, weinte ich hinter dem Vorhang, weil ich die Eltern nicht hatte. Aber ich zeigte nichts. Ich zeigte mich immer sehr dankbar." Margot Ringwald wusste von den Hödls, wo die Eltern waren. „Ich wusste, sie sind da und dort. Das wusste ich. Aber ich durfte nicht hin. Nicht rufen. Ich weiß gar nicht, ob man rufen konnte. Ich zeigte mich immer dankbar. Sie waren ja auch lieb zu mir. Wirklich. Ich erinnere mich, es war Weihnachten, sie schenkten mir eine so schöne Puppe. Und die Wanda – es gab ein Bombardement, und die Einzige, die starb, war die Wanda."

Dann wurden sie wieder versteckt. „Jetzt muss ich wieder etwas sagen: Der Vater meiner Mutter, Aaron Türkisch, war österreichischer Polizeikommissar. Sein Chef, Dr. Becker, war Jude, war aber katholisch geworden, weil er eine polnische Gräfin geheiratet hatte, mit zwei Töchtern. Das war eine große Liebe, sie war eine wunderbare Frau, er auch und die Töchter auch. Bis zuletzt. Er, der Dr. Becker, hatte ein großes Haus und einen Diener, Alexander, ich weiß nicht, ob er Rumäne war. In diesem Haus vermietete Dr. Becker Büros. Und sie hatten ein Zimmer leer stehen. Und da sagte er dem Alexander: Versteck diese Leute. Der Alexander war auch ein ganz lieber Mensch. Er sagte uns – und ich war ja noch immer ein Kind: Nicht husten, nicht niesen, nicht auf die WCs. Ganz ruhig, bis um fünf, bis die Leute weg sind. Dann brachte er uns Essen, wir durften zur Toilette, durften husten. In der Nacht wars ok. Dann war wieder Ruhe. Ein paar Tage, bis der Transport weg war. Dann sind wir wieder zurück. Dann kam das wieder, und wir wussten nicht wohin." Doch auch dann hatte die Mutter wieder eine rettende Idee: den Friedhof. Das war noch näher bei den Engeln. Dort würde niemand suchen.

Abb. 8 Martin, Elfe und Isidor, 1941.

Das Drama um Elfe und Isidor

Die Familie Hödl war für Margot Ringwald und ihre Eltern eine große Hilfe. Lauter Engel. „Hochanständige Leute", sagt sie. „Und am meisten der Vater." Als „grosse und tiefe Liebe" charakterisiert Margot Ringwald die Beziehung zwischen ihrem Onkel Isidor und der Tochter der Hödls, der Elfe. Beide schildert sie als hübsche, stolze und fröhliche junge Menschen. Im Czernowitz der 1920er-Jahre fiel die Liebe hin, wo sie wollte. Da war es noch nicht wichtig, dass Isidor Türkisch jüdisch war und Elfe Hödl christlich. Sie gehörte den Altkatholiken an. Es spielte schlicht keine Rolle. Margot Ringwald weiß nicht mit Sicherheit zu sagen, ob die Familie Hödl deutsch war oder österreichisch. „Deutsche aus Rumänien" halt, sagt sie. „Ich weiß es nicht, man dachte damals nicht so, man achtete nicht so verbissen, ob deutsch, österreichisch, ukrainisch, ob jüdisch oder christlich. Solange alles gut ging". Doch es ging nicht alles gut. Mit der anschwellenden antisemitischen Stimmung in Rumänien, dann erst recht mit der Eisernen Garde, anfangs nichts mehr als ein kleiner, radikaler Haufen, doch bis Mitte der 1930er-Jahre bereits zur Massenbewegung geworden, mit dem Nationalsozialismus, mit den Gewalttaten an den Jüdinnen und Juden wurde es schwierig, politisch nicht mehr genehme Beziehungen aufrechtzuerhalten.

Isidor lebte seit seinem Studium in Bukarest. Nach der Heirat Mitte der 1920er-Jahre zog Elfe zu ihm. Dort, dachten sie wohl, hätten sie eher ein Auskommen. Auf dem Bild sind sie beide zusammen mit Isidors Bruder, Martin, zu sehen. Das Bild ist im Dezember 1941 aufgenommen, im Cismigiu-Park in Bukarest, dem ältesten und größten Park in der ganzen Stadt. Auch Liese und Blanca, die beiden Schwestern, erreichten Bukarest. Liese mit dem rumänischen Pass, den sie behalten hatte, Blanca unter einem anderen Namen, mit einer gefälschten Identität. Isidor und Elfe halfen, wo sie konnten. Aber das Leben war auch in Bukarest kompliziert und voller Schwierigkeiten. 16 Jahre waren die beiden verheiratet, dann ließ Elfe ihren Isidor im Stich. Es muss 1942 gewesen sein.

Isidor kam über diese Trennung nie ganz hinweg. Er suchte nach Schuldigen und fand sie in Elfes Bruder und in der Mutter. Noch Jahre später, 1988, schrieb er an Margot:

„Was die Elfe betrifft, ist sie nicht ganz schuldig. Sehr viel hat ihre Mutter zu ihrem eigenen Nachteil beigetragen und sie selbst war ein Blatt im Winde und hatte keine ‚guideline', nach der sie sich richten sollte. Wenn es dir nichts ausmacht, würde ich die Ansicht ihres eigenen Bruders lesen. Ich hatte ihn zu Unrecht als spiritus rector der Tragödie gehalten, denn er war zu jener Zeit Anwalt von reichsdeutschen Unternehmungen und war im April 1942 von den Vorbereitungen der Nazioffensive Stalingrad unterrichtet, doch konnte man natürlich den März 1943, der die Vernichtung aller Hitlerpläne brachte, nicht voraussehen."

Margot Ringwald nimmt Elfes Bruder entschieden in Schutz: „Er war kein Nazi." Es ist eigenartig. Die Hödls halfen Margot und ihren Eltern in größter Not, und trotzdem verließ Elfe ihren jüdischen Mann. War die Familie derart unter Druck, dass sie es für sie tat? Wie auch immer, die Verbindung blieb bestehen. Elfe und Isidor ließen sich nie scheiden, und Margots Mutter unterhielt „bis zuletzt" Kontakte mit Elfe und den Eltern Hödl. Sie regte auch offenbar immer wieder an, dass sich Isidor mit Elfe versöhnen sollte. Aber das brachte er nicht fertig. „Er hatte kein Vertrauen mehr", sagt Margot Ringwald. „Die Ehe ist kein Abenteuer, das man nach Gutdünken wie ein Kleid ändern kann", schrieb er immer noch voller Enttäuschung. „Sie ist ein Kameradschaftsbund fürs Leben, im Guten wie im Bösen." Das hätte er gerne gehabt. Aber er bekam es nicht. „Dafür hatte sie kein Verständnis", schreibt er später, „und hat so ihr eigenes Schicksal besiegelt." Es gab kein Zurück für ihn.

Mit Elfes Bruder söhnte er sich jedoch aus. Gerhard Hödl schrieb am 15. Februar 1990 an Margot Ringwald:

„50 Jahre [nach Isidors Auswanderung] hat uns Elfes Tod wieder voneinander Kenntnis nehmen lassen und sind wir uns in einem relativ kurzen Briefwechsel dann näher denn je gekommen. Wir konnten in offener Aussprache bestehende Missverständnisse beiderseits ausräumen und erst jetzt lernte ich in ihm einen Menschen von seltener Charakterstärke und Gefühlsbeständigkeit kennen, konnte ich feststellen, wie unverändert er trotz aller schmerzlichen Erfahrung zu seiner Frau gehalten hat und für ihr Verhalten Verständnis zu finden suchte. Ich bin ihm Freund geworden und hatte noch eine persönliche Begegnung erhofft. Heute bedaure ich, nicht versucht zu haben, ihn telefonisch zu erreichen. Wieder einmal ein ‚zu spät'. [...]."

Doch auch Elfe fand sich nicht einfach zurecht. Sie lebte mit ihrer Mutter zusammen, ging jedoch nie mehr eine neue Beziehung ein. Ihre Bindung zu Isidor scheint ähnlich stark gewesen zu sein wie seine zu ihr. Doch ihre Ehe haben Antisemitismus und Krieg zerstört. Auch die guten Engel litten.

Glück im Unglück – Auch wenn die Knie schlottern

Vielleicht waren die Männer aufgereiht wie an einer Schnur. Es könnte eine dieser unendlichen Inspektionen gewesen sein. Auf jeden Fall: Verlumpt, verlaust, verdreckt, standen sie da. Margot Ringwald erzählt die Geschichte ihres späteren Mannes. Erwin Ringwald kam als junger Mann ins Arbeitslager. „Da war ein Rumäne als Aufseher. Der sagte: Zähneputzen geht so – mit dem Finger." Heruntergekommen und erniedrigt waren die Inhaftierten. Und genau darum ging es. Die Häftlinge sollten entwürdigt werden. Alles Quälen, alles Drangsalieren hatte den Zweck, ihnen klarzumachen, dass sie nichts wert waren. Gar nichts. „Erwin hatte es sehr schlimm im Lager", berichtet Margot Ringwald. „Schlimme Kommandanten. Der schlimmste Aufseher war Litauer. Dann kam einer der Deutschen, der Kommandant, er war nach dem Krieg Französischlehrer in München. Erwin hatte das Gefühl, er sei nicht ganz so brutal." Der Offizier baute sich vor den Gefangenen auf. Sein weißer Hemdkragen in der Uniform glänzte im Licht. Bevor er zum Reden kam, durchbrach einer der Häftlinge die Stille: „Herr Lagerleiter", meldete er sich, „wir sind alle so dreckig, wäre es nicht möglich, dass wir alle einmal duschen und uns waschen könnten?" Das brauchte enorm viel Mut. Aber Erwin Ringwald war mutig. „Erwin hatte immer viel Mut, vielleicht mehr als Mut", sagt Margot Ringwald. Wider Erwarten passierte gar nichts. Der Lagerleiter verriet mit keiner Miene, was er gerade dachte. „Er sagte kein Wort, ging einfach weiter. Nach ein paar Tagen kam ein Zug mit Duschen und sie konnten sich endlich einmal duschen und sich saubermachen. Dann gab es wieder eine Inspektion. Erwin schaute ihn an, und er lächelte ganz leise." Viele, die in Gefahr waren, entwickelten ein Sensorium des Überlebens. Vielleicht hatte Erwin Ringwald geahnt, dass sein kühner Vorstoß nicht vergebens sein würde.

Jahre später, der Krieg war aus, die weißen Hemden der Uniform längst nahtlos durch die weißen Hemden der Zivilkarriere ersetzt, erreichte ihn ein Brief des ehemaligen Lagerkommandanten. Er steckte mitten in seinem Entnazifizierungsverfahren und bat nun den Ex-Häftling Erwin Ringwald darum, dieser möge ihm bestätigen, wie er als Kommandant dessen Ansinnen aufgenommen habe, wie er positiv reagiert und gleich dafür gesorgt habe, dass die Lagerhäftlinge duschen konnten. Erwin Ringwald war bereit, dieses Bestätigungsschreiben abzuschicken. Doch dabei wollte es der Lagerkommandant nicht bewenden lassen und schlug tatsächlich vor, dass sie beide sich doch einmal treffen könnten. Das aber ging Erwin Ringwald zu weit. Das musste nicht sein. Er schrieb zurück, dass er das nicht wolle und nicht könne.

Ein zweites Beispiel schildert eine Begebenheit von Arthur Ringwald, dem Vater von Erwin Ringwald: in Deva in Siebenbürgen. Für einen Juden und Sozialdemokraten war das Leben gefährlich geworden. Arthur Ringwald ging wie immer die Straße entlang. Er schlich nie; er ging aufrecht. Unauffällig, um möglichst unbehelligt zu bleiben. Die Angst ließ er sich nicht anmerken. Eines Tages hielt unvermittelt ein nobles Automobil neben ihm. Das Fenster wurde heruntergekurbelt und eine schneidende Stimme fragte: „Sind Sie Arthur Ringwald, Doktor Ringwald?" Die Angst ließ ihm die Knie schlottern, aber davon sah der im Auto nichts. „Jawohl, das bin ich. Da sagt der Mann: Der Herr Gauleiter will mit Ihnen sprechen. Er tritt näher zum Auto, und da sagt der Mann im Fonds des Wagens: Arthur, erinnerst du dich an mich, wir waren doch zusammen im Krieg." Zusammen hätten sie an der Front gestanden und für das österreichisch-ungarische Kaiserhaus gekämpft, sagte er.

Der Jude und der Nazi, gemeinsam. Viele jüdische Männer waren im Krieg. Dies verleitete sie dann zur irrsinnigen Annahme, ihnen werde wohl nichts passieren; sie seien schließlich gute vaterlandstreue, national gesinnte Soldaten gewesen. Der Nationalsozialismus ziehe trotz seiner Parolen an ihnen vorüber. Der betreffe nicht sie. Arthur Ringwald hatte sich im Ersten Weltkrieg gar zweimal freiwillig gemeldet. Beim ersten Einsatz wurde er verletzt. Im Lazarett wurde er wieder hergestellt. Dann meldete er sich wieder. Im zweiten Einsatz wurde er von einem Schrapnell getroffen. Ob es tatsächlich ein Geschoss aus einer solchen mit Kugeln gefüllten, kurz vor dem Ziel explodierenden Granate war, wie sie oft verwendet wurden, oder ob es einfach ein Granatsplitter war, ist einerlei. Jedenfalls gelang es den Kriegschirurgen nicht, das Stück aus seiner Brust zu entfernen. An diesem verhockten Ding starb er später vergleichsweise noch jung.

Arthur Albert Tester, so hieß der Offizier, war 1895 in Stuttgart geboren – als Sohn eines Briten und deshalb so englisch – und bekannt wie ein ‚bunter Hund'. Ein mit dubiosen Geschäften sehr reich gewordener Lebemann, ein Playboy mit Schloss und Jacht. Er lebte in England, war glühender Nazi und unterstützte die British Union of Fascists des Sir Oswald Mosley. Er tauchte in der Tat anfangs der 1940er-Jahre in Rumänien auf – allerdings ist nicht klar, in welcher Funktion. Vielleicht gab er sich als Gestapo-Chef aus, als Mitarbeiter der deutschen militärischen Abwehr in Bukarest vielleicht, sein Deckname soll jedenfalls Teddy gelautet haben. Dass er 1944 von rumänischen Bauern oder Soldaten auf der Flucht erschossen wurde, ist nicht gesichert. Es gibt Hinweise, dass er einen anderen an seiner statt hat sterben lassen, in seinen Kleidern, mit seiner Zigarettenschachtel ausgestattet. Er selbst machte sich unerkannt vom Acker, ein ganz durchtriebener Kerl.

Tester nahm, solange er im Amt war, den Erwin heim zu sich. „Und Erwin musste mit ihm Schach spielen. Er hat ihn gerettet. Er ließ dem Erwin auch Päcklein zugehen. Er hatte eine englische Frau und zwei Töchter aus erster Ehe. Erwin kam dann zurück, da sah er die beiden jungen Mädchen daheim. Die eine hieß Violet. Von der anderen weiß ich nicht mehr, wie sie hieß. Man wusste, dass das die Töchter vom Tester waren. Da sagte Erwin: Was machen die beiden hier? Weshalb sind die hier? Da antwortete seine Mutter: Weißt du, der Tester hat deinen Vater gerettet, jetzt retten wir sie."

Doch nicht immer stand das Glück auf ihrer Seite.

„Und dann wollte ich erzählen, dass wir schöne Vorhänge hatten. Wir hatten kein Geld. Mutter ging damit zu einem General. Ich weiß den Namen nicht mehr. Ich weiß auch nicht mehr, wie es kam, dass er sie bat zu kommen. Sie war auch so mutig wie Erwin. Der General sagte, er wolle die Maße ausmessen. Das ging stundenlang. Plötzlich kommt er zurück und sagt: Was machen Sie da, Sie Saujüdin. Gehen Sie weg oder ich hole die Polizei. Da ging meine Mutter weg. – Ein General!"

Die Vorhänge war sie los. Es geschah ihr aber nichts. Insofern kann man doch wieder vom Glück, diesmal vom Glück im Unglück reden.

Abb. 9 Der Stern, 1941.

Der Stern

Am 30. Juni 1941 verließen die sowjetischen Truppen Czernowitz. Sofort rückten rumänische und deutsche Truppen nach. Bereits kurz darauf setzten die Deportationen nach Transnistrien ein. Tausende wurden vertrieben, Tausende starben, viele schon auf den Transporten. Auch Onkel Hermann musste nach Transnistrien. Er überlebte.

Im selben Jahr mussten jüdische Frauen und Männer den „Gelben Stern" tragen. Vorschriften, sich als Jüdinnen und Juden kenntlich zu machen, hatte es schon im späten Mittelalter gegeben. Bekannt sind die Judenhüte. In verschiedenen deutschen Städten galt ein gelber Ring als Erkennungszeichen. Die Nationalsozialisten hatten den sogenannten ‚gelben Fleck' oder Ring, den Juden schon im Mittelalter tragen mussten, mit dem Davidsstern verbunden, den beiden übereinander gelagerten blauen Dreiecken, die im Verlauf der Jahrhunderte immer mehr zum Emblem des Judentums geworden waren. Ursprünglich als ganz allgemeines Ornament entstanden, wurde der Davidsstern immer mehr mit religiöser und politischer Bedeutung aufgeladen. Ab September 1941 mussten die Jüdinnen und Juden im nationalsozialistischen Deutschland den „Gelben Stern" tragen. In den von ihnen eroberten Gebieten versuchten die Nationalsozialisten ebenso, den Stern einzuführen. Sie hatten aber nicht überall Erfolg. Den Nationalsozialisten kam er als Erkennungszeichen derer, die sie als Juden bezeichneten, gerade recht. Er gehörte zu einer Reihe von Maßnahmen, welche die Ausgrenzung der jüdischen Bevölkerung sichtbar machen sollte. Seit 1938 mussten sie einen zusätzlichen Namen annehmen, die Frauen „Sara", die Männer „Israel". Ihre Pässe mussten mit einem roten J-Stempel markiert werden. Wer in einer Doktorarbeit eine jüdische Autorin oder einen jüdischen Autor zitierte, musste das Zitat mit Farbe markieren.

Die faschistische Diktatur in Rumänien übernahm als Bündnispartner der Nationalsozialisten ab 1941 und 1942 den Judenstern nur allzu gerne. In Czernowitz musste die jüdische Bevölkerung die Sterne nähen. Es gab eine Anleitung, wie groß sie zu sein hatten, aber herstellen mussten die Jüdinnen und Juden sie selbst. Es ist eine der Ungeheuerlichkeiten der Nationalsozialisten, dass sie die Juden verpflichteten, bei der Organisation aller Übeltaten mitzutun. Da wurden Judenräte erfunden, Ältestenräte eingeführt. Lagerälteste mit dem Verwalten des Elends beauftragt. Juden mussten sich gegenseitig drangsalieren und verraten.

Margot Ringwald erinnert sich: „Wir mussten immer den Stern tragen. Aber auch dann wollte meine Mutter, dass ich weiter lerne, wir hatten ja keine Schule." Sie schickte die kleine Margot in Französischstunden. Vielleicht wollte sie ihrer Tochter neben den Sprachkenntnissen auch so etwas wie Normalität vermitteln. „Und da ging ich einmal ohne Stern. Und dann musste ich ihn zeigen. Ich weiß nicht: War da noch jemand mit Stern? War das nicht 1942? Und dann nahm man mich mit zur Polizei. Ich hatte das Geld dabei für die Französischstunde. Es waren zwei Polizisten. Ich weiß es nicht mehr ganz genau. Auf jeden Fall sagte ich auf dem Weg zu dem einen: Ich gebe Ihnen mein Geld, lassen sie mich doch frei. Er war nicht allein, sonst hätte er das natürlich genommen. Sie ließen mich nicht gehen. Und dann weiß ich noch, dass der Chef sagte: Schön sieht es aus in Rumänien, dass schon die Kinder Bakschisch geben. Doch sie trauten sich nicht, das Geld zu nehmen. Meine Mutter und mein Vater gingen dann zu jemand, ich weiß nicht, zu wem. Dann ließen sie mich gehen. Irgendwie."

Dieses „Irgendwie": Ist das jetzt der kleine, aber entscheidende Unterschied zwischen deutscher Gründlichkeit und rumänischem Laisser-faire, dass die Polizisten oder Behörden das jüdische Mädchen gegen ein anständiges Trinkgeld gehen ließen? Es macht den Anschein, dass es in Rumänien immer irgendeinen Ausweg gab. Korruption und Bestechlichkeit sind manchmal auch von Vorteil, wenn man das Glück auf seine Seite zwingen muss. Wieder hatten sie Glück. Die Mutter von Margot Ringwald hat ein paar Mal das Glück erfunden, damit es ihr und ihren Lieben zufiel.

Das Überleben sichern – „So wie die Blätter ist mein Herz“

Über die etwa einjährige Herrschaft der Sowjetunion über Czernowitz und die Nordbukowina berichtet Margot Ringwald: „Mein Vater hatte zwei Brüder und eine Schwester. Der älteste Bruder, der hatte ein Schuhgeschäft, von dem großen österreichischen Schuhunternehmen Delka, er war der Gérant. Der wurde als Kapitalist deportiert; er war ja ein ‚großer Kapitalist‘, mit einem Schuhgeschäft. Er hatte sich dummerweise bei uns versteckt, bei seinem Bruder. Sie haben meinen Onkel mitgenommen. Und die Tante, Sali, das war seine Frau, sie waren so um die 60 damals, beide haben sie nach Sibirien verschleppt. Nach Novy Vasyugan. In eine Kolchose. Er hat dort gelebt, bis er 79 Jahre alt war. Seine Frau ist unterwegs schon gestorben. In der Kolchose war eine Frau aus Deutschland mit meinem Onkel zusammen, eine Jüdin. Sie hat ihn begraben und uns dann geschrieben, er wäre der Einzige gewesen, der noch mit Messer und Gabel gegessen hat.“

Die Rückkehr der rumänischen Truppen bedeutete für die jüdische Bevölkerung keine Besserung. Die Erinnerung hält das Gegenteil fest. Sozusagen nahtlos schließt Margot Ringwald eine andere Zeitspanne und andere Herrschaftsverhältnisse an. Doch dies betont sie nicht. Es spielt für sie eine vergleichsweise kleine Rolle, wer für das Elend verantwortlich war und wer sich wann wo zurückzog.

„Dieser Onkel, der in Novy Vasyugan landete, hatte einen Sohn, Paul. Der ist zum Glück an Krebs noch vor dem Krieg gestorben. Seine Tochter war eine Schönheit, Jenny hieß sie. Die heiratete dann nach Lemberg, Lwow. Einen Arzt. Sie hatten eine kleine Tochter, Liane. Die Jenny wurde erschossen, auf der Straße. Ihr Mann hieß Jusek. Das weiß ich noch. Er war ein sogenannter WWJ, ein ‚wertvoller Wirtschaftsjude‘, in einem Spital. Als die deutschen Truppen sich dann zurückzogen, haben sie ihn auch erschossen. Aber erst zuletzt, weil er war ja nützlich. Und von der Liane wusste man nichts. Nach dem Krieg bat meine Mutter einen Lastwagenfahrer, der nach Lemberg fuhr, er möge dort Ausschau halten. Mutter gab ihm dann auch Geld. Er ist hingefahren und erzählte dann Folgendes: Er habe eine Frau mit einem jungen Mädchen ausfindig gemacht, diese sagte, sie wisse gar nichts. Aber das Mädchen war genau im richtigen Alter. Er hatte das Gefühl, das sei Liane, aber die Frau sagte ihm nichts. Sie wollte das Kind behalten. Wir dachten immer, dass es hoffentlich so wäre, und haben ihr in Gedanken gedankt. Vielleicht ist es möglich. Er sagte, die Frau habe keine anderen Kinder, nur dieses Mädchen. Sie hat wohl das Kind genommen. Sie hatte es ja sehr gerne."

Gleich, wer gerade an der Macht war, für die Jüdinnen und Juden der Nordbukowina ging es zwischen 1940 und 1944 nur ums Überleben. Ob man als jüdischer Kapitalist oder als kapitalistischer Jude in Sibirien landete, als rumänischer, deutscher oder österreichischer Jude im Konzentrationslager, war einerlei. Ob man auf einem Transport nach Transnistrien buchstäblich verreckte oder erst in Transnistrien, machte keinen Unterschied. Deshalb ist dieser an und für sich monströse Satz: „Der ist zum Glück noch vor dem Krieg an Krebs gestorben", in keiner Weise zynisch.

Neben dem Suchen nach Verstecken, neben der Angst vor dem Entdecktwerden, neben dem Schrecken des stets nahen Todes – des eigenen wie des täglich realen der anderen – war das Auftreiben von essbaren Sachen das Wichtigste. „Zu essen hatte man ja nichts. Was noch möglich war, war die Mamaliga." Mamaliga ist ein altes rumänisches Gericht. Sie wird aus Maisgrieß, Milch oder Wasser, Butter und Salz zubereitet. Mamaliga ist der Polenta vergleichbar. Das Beschaffen von etwas Essbarem war für Margot Ringwald und ihre Eltern eine schwierige Aufgabe. „Meine arme Mutter ... Weil es sonst nichts gab, stand mein Vater so um drei, vier Uhr auf, ging in ein Dorf, tauschte bei den Bauern und brachte manchmal irgendetwas, ich weiß nicht mehr was. Und meine Mutter, die machte das so. Am Morgen gab es Mamaliga. Polenta mit Melasse. Zucker gab es nicht. Und dann ging sie, und ich mit ihr, so Pfefferminzpflänzchen und weiß ich was suchen, und dann tranken wir Tee. Mittags hatte sie eine Zwiebel. Und der Vater brachte Schweinefett. Dann gab es die Zwiebel in Schweinefett mit Mamaliga. Das war das Mittagessen. Es gab auch diesen so genannten Tee. Und am Abend gab es wieder Melasse."

Und nach dem Krieg wurde das auch nicht viel besser. Aber immerhin. Manchmal gab es auch echtes Brot. Margot Ringwald erinnert sich: „Dann gab es Brot auf Punkte. Schwarzbrot. Ganz ein dunkles. Und dann fand man darin Nägel, wie soll ich sagen, Stücke von Scherben, weiß der Teufel was. Man aß halt, was man konnte. Es gab Bäckereien, schwarze Bäckereien. Die machten gutes Brot. So teuer war das. Ich weiß nicht 100, 200 Rubel war ein Durchschnittsgehalt, glaube ich, und dieses Brot kostete etwa 20 Rubel. Das war eine Delikatesse."

Zwar war der Krieg dann einmal vorbei. Zum Glück. Immerhin, es bestand Hoffnung auf Besserung. Doch vorderhand ging der Kampf ums tägliche Überleben in Czernowitz weiter. „In der unmittelbaren Nachkriegszeit war alles durcheinander", beschreibt Margot Ringwald die aus den Fugen geratene Welt. Aber sie sieht immer auch das Schöne; ihre Erinnerung hält die Poetik des Moments fest.

„Schon 1939 sind Juden aus Polen zu uns gekommen. Die wollten weiter. Die sagten, da kommen schreckliche Zeiten. Die wohnten bei uns. Da war ein junges Mädchen, ich erinnere mich, ein sehr herziges, ich sehe das Bild noch, und dann sind sie weiter. Und dann, nach dem Krieg, sofort, kamen Befreite aus Auschwitz. Zu uns kam einer, noch in der gestreiften Montur, er hatte nichts anderes – ich habe den Namen vergessen, ich wusste ihn – er kam aus Holland, aus Amsterdam. Sofort machte meine Mutter etwas zu essen, was sie halt hatte, ... und er ist sofort zur Toilette. Er hat das Essen nicht behalten können. Wir hatten ihn eine, zwei Wochen bei uns. Ein sehr netter, gebildeter Mann. Dann ging er nach Holland. Er wollte seine Familie suchen, ob noch jemand da sei. Er erzählte von Auschwitz. Ich sehe noch die Bilder.“ Doch nicht nur der Gefangene aus Auschwitz kam, der, obwohl in der Gegenrichtung unterwegs, den Weg nach Hause suchte, sondern auch kriegsgefangene Italiener, welche die Russen freigelassen hatten, passierten auf dem Heimweg nach Italien Czernowitz. „Das war meine erste Liebe“, erzählt Margot Ringwald. „Zwei junge Italiener. Der, welcher mir den Hof machte, hieß Renzo Canovo oder Canova. Er war aus Modena. Der andere Junge, Palmiro, war aus Sizilien. Die waren so wohlerzogen. Ich war 14, 15. Wir spazierten im Volksgarten. Und Italienisch und Rumänisch, das versteht man. Es war Herbst. Siehst du, sagte er, so wie die Blätter ist mein Herz. Das vergesse ich nicht. So herzig. Dann schenkte er mir drei Seiten mit Liedern, so fein, so zart.“

Abb. 10 Onkel Josef und Tante Sali, 1938.

Onkel Josef und Tante Sali

Ganz links auf der Fotografie von 1938 steht Margot Ringwald, hinter ihr die Mutter und der Vater. Die Frau mit dem Gehstock, das ist Tante Sali. Neben ihr steht Onkel Josef, ihr Mann. An das daneben stehende, befreundete Paar kann sich Margot Ringwald nicht mehr erinnern. Sie weiß nicht mehr, wer das war.

Tante Sali war „eine gutmütige Frau“. Das ist die Erinnerung eines Mädchens: „Sie war eine liebe, gute Frau mit weißen Haaren, ein sanfter Mensch.“ Auch Onkel Josef „war ein gutmütiger Mann“. Dem Mädchen erschien er „als alter Mann, alt? er war 60, als man ihn deportierte, da war er noch nicht alt. Aber damals war man schon alt. Er war religiös, nicht übertrieben, aber religiös.“ Über beide weiß Margot Ringwald nicht viel. „Da gibt es nicht viel zu erzählen“, sagt sie. „Sie waren ein stilles, ruhiges, liebes Paar“.

Josef Gottesmann wurde 1940 von den sowjetischen Behörden verhaftet und mit seiner Frau Sali nach Sibirien deportiert. Eine Verhaftung kann man vielleicht noch als eiliges Versehen abtun, nicht aber die Deportation. Sali starb bereits auf dem Transport. „Wenigstens musste sie nicht mitmachen, was Josef erleiden musste. Sie hatte Glück“, findet Margot Ringwald heute.

Man fragt sich, was an diesem bescheidenen Mann derart ‚kapitalistisch‘ gewesen sein soll, um ihn nach Sibirien zu verbannen. Josef Gottesmann war Filialleiter der Delka-Filiale in der Bukowina, der einzigen weit und breit. Margots Onkel Josef war Angestellter, nicht Besitzer. Sicher, dem ostjüdischen Proletariat gehörte er nicht an, sondern dem guten Mittelstand. Aber ein großer ‚Kapitalist‘, nein, das war er nicht. Die Delka war ein angesehenes jüdisches Schuhhandelshaus, das 1907 in Wien gegründet worden war. Es verkaufte Schuhe zu günstigen Einheitspreisen. Waren die Besitzer Kriegsgewinnler des Ersten Weltkriegs? Während das kaiserlich und königliche Österreich unterging, baute Delka aus. In den 1920er-Jahren gab es Filialen in ganz Österreich, aber auch in Agram (Zagreb), Bielitz (Bielska-Bialo), Budapest, Czernowitz, Krakau, Lemberg (Lwow), Triest, wie die Städte in deutscher Sprache hießen. Delka war ein jüdisches Unternehmen. Es wurde unmittelbar nach dem ‚Anschluss‘ Österreichs ans Deutsche Reich ‚arisiert‘.

Novy Vasyugan – Sonst war Sumpf

Wenn Margot Ringwald die Geschichte ihres Onkels Josef erzählt, so steht diese auch stellvertretend für das Schicksal ihrer Familie. Es ist eine schier unglaubliche Geschichte.

„Als ich – lange nach dem Zweiten Weltkrieg – in Israel war, in einer Gesellschaft mit lauter netten Leuten, war da auch ein russisches Architektenpaar. Wir haben zusammen gesprochen, und dann fragte ich sie, woher sie kämen. Da sagte sie: Ach, das werden Sie nicht kennen. Aus Sibirien. Ich fragte: Wo? Aus Novy Vasyugan. Da sagte ich: So, da lebte mein Onkel bis zuletzt." Novy Vasyugan, in der deutschen Schreibweise Wassjugan, ist auch heute noch ein bescheidener Ort im Distrikt von Tomsk. Etwas über 2000 Einwohnerinnen und Einwohner zählt er; mitten in der weiten sibirischen Steppe liegt er. 1933 wurde er unter dem Namen Mogilny Yar gegründet – zunächst für ‚besondere Siedler', für die im Rahmen der Kollektivierung der Landwirtschaft enteigneten und deportierten Bauern und später für andere ‚Umgesiedelte', vor allem aus dem Baltikum und der Bukowina. Dorthin brachte man Onkel Josef, ‚den Kapitalisten'. Und dort musste er bleiben. Bis er mit 79 Jahren starb. Margot Ringwald ist sich sicher: „Er wollte immer nach Israel. Seine Nichten und Neffen schickten aus Israel ein Affidavit. Aber er konnte nie gehen. Weil da konnte man nur im Winter reisen. Wenn alles vereist war. Dann konnte man fahren. Sonst war Sumpf." Aber auch in den vielen Wintern kam Onkel Josef nie aus Sibirien weg.

Margot Ringwald hat ein paar Dokumente aufbewahrt, welche die Erzählung über das Schicksal von Josef Gottesmann mit deutlichen Bildern begleiten. Zunächst ist da ein langer Brief. Geschrieben hat ihn Lea Gendler an Julius Wolfenhaut, der als Jude aus Czernowitz ebenfalls nach Sibirien deportiert worden war. 1959, zum Zeitpunkt, als Lea Gendler den Brief schrieb, unterstützte Wolfenhaut Josef Gottesmann, den Onkel Margot Ringwalds, mit etwas Geld. Lea Gendler war die Frau, die Josef Gottesmann in Novy Vasyugan begleitete. Als Jüdin aus Deutschland vertrieben, als Jüdin in Litauen nicht geduldet, landete sie in Sibirien. Was für eine Odyssee, die sie da beschreibt. Der Brief enthält etliche Fehler und Ungereimtheiten. Er unterstreicht damit den Ausdruck der kulturellen Entwurzelung. Sie schrieb nicht jeden Tag, Deutsch nicht und Russisch nicht. Dass sie nicht gut Russisch konnte – auch nach all den Jahren –, schrieb sie selbst. Obwohl die sehr routiniert wirkende und sehr lesbare Handschrift dies nicht erahnen lässt, war ihr auch das Deutsche nicht mehr vollends vertraut. Immerhin kannte sie zum Beispiel noch den Begriff der „Habseligkeiten“. Auch schrieb sie die Konjunktion ‚dass‘ nur mit einem ‚s‘, benutzte aber das deutsche scharfe ‚sz‘. Wie schlecht es um ihr Auskommen bestellt war, zeigt die Tatsache, dass sie sich gestattete, sich bei Josef Gottesmanns Tod Wolfenhauts weitere Unterstützung zu sichern.

Kruglowski, Dom Invalide, den 4.12.59

Sehr geehrter Herr Wolfenhaut
Ich erlaube mir unbekanterweise an Sie einige Zeilen zu richten. Ich bin eine Jüdin und aus Deutschland und bin mit Gottesmann hier seit 5 Jahren im Invalidenheim jetzt nur 2 jüdische Seelen. Früher waren hier mehrere Frauen dieselben sind vor 3 Jahren nach Israel ausgewandert und sind wir beide nur allein geblieben. Wir waren beide sehr befreundet er ein alter Mann und hilflos, ich stand ihm mit Rat und Tat zur Seite ich war ganz in seiner Nähe jeden Augenblick bei ihm was er brauchte habe ich ihm alles gemacht er fühlte sich immer ganz glücklich in meiner Nähe. Nun seit einem Jahre wurde ich auf einem andern Platz geschickt ½ Stunde weiter des Weges wo ich früher war und konnte zu ihm nicht mehr // so oft hingehen so ist er [?“nebich“?] allein geblieben was ihn sehr betrübt hat und mir tat es auch sehr leid, da er öfter immer krank war. Er hatte immer grosse Aufregung infolge seiner Ausreise nach Israel das er noch immer kein Resultat erzielen konnte. In letzter Zeit war sehr oft krank hat sich noch immer erholt. In der vergangenen Woche wurde er sehr schwer krank, ich hatte mich erkältet vor kurzen und eine schwere Lungenentzündung bekommen und noch jetzt der Schonung bedurfte. Als ich es erfahren meine Gesundheit nicht beachtend, bin ich gleich zu ihm geeilt, ich fand ihm schon sehr schlecht sprechen konnte er schon nicht mehr er hat nur mit dem Kopfe genickt, so war ich bei ihm 3 Tage und 3 Nächte er wurde immer schwächer bis er am Sonntag den 29/11. // 11 Uhr vormittag sanft entschlafen ist für immer. Ich habe alles angeordnet wie er beerdigt werden sollte und am Dienstag den 1/12. wurde er beerdigt ich habe ihm noch das letzte Geleit gegeben, ich war bei ihm bis zu seinem letzten Atemzuge. Er wollte hier nicht sterben, hat immer gehofft er wird Israel erreichen seine Hoffnung ist leider zu Schanden geworden, der Mensch denkt, Gott lenkt. Er ist nicht jung gestorben, er hat seine Jahre ausgelebt ich glaube er war 87 Jahre alt, soll er ruhig ruhen die Erde soll ihm leicht sein. Es ist geblieben ein Sparkassenbuch über 3 Tausend Rubel welches er für seine Nichte Frau Kranzdorf Tomok vielleicht kennen Sie sie auch, deren es Materiel sehr schlecht geht, verschrieben, dazu habe ich ihm veranlaszt und ich bin sehr zufrieden // das die arme Frau das Geld bekommt. Noch ist geblieben 550 Rubel und seine Sachen hat vorläufig die Kommission beschlagnahmt, vielleicht bekommt es auch noch Frau Kranzdorf das

weiss ich noch nicht. Er hat das Geld immer sehr geschont, er sagte immer ich brauche doch das Geld für meine Reise. – Nun will Ihnen ein wenig von meiner kleinen Wenigkeit berichten. Ich bin zu Hause aus Deutschland, wir hatten dort ein sehr grosses Geschäft und grosse Wirtschaft und haben sehr gut gelebt. Hitler hat uns alles entrissen und uns aus der Heimat vertrieben, so sind wir nach Litauen geflüchtet. Inzwischen und nur das nackte Leben gerettet. Inzwischen kam der Krieg und wurden wir hier nach Sibirien geschickt. – Wir fuhren mit viele // jüdische Familien zusamen, und als wir am Endziel angelangt waren, konnten die andern alle in der Stadt bleiben es waren alle reiche Fabrikanten aus Litauen, uns hat man geschickt 50 Kilomtr. weiter von der Stadt entfernt auf einem Kolchos. Was ich da erlebt habe, spottet jeder Beschreibung. Mein Mann wurde bald krank, ein Arzt war nicht zu ermitteln es war auch Krieg die paar kleinen Habseligkeiten was wir in der Eile mitnehmen konnten, habe ich eingetauscht in Lebensmittel um uns das Leben zu erhalten als das beendet war, standen wir ohne Geld und ohne Sachen da entblöszt von allem. Ich konnte meinen Mann nicht mehr pflegen er wurde immer schwächer bis er im Jahre 1943 im besten Mannesalter von 53 Jahren ohne jegliche Hilfe sein Leben beenden muszte und hat // mich als arme unglückliche Witwe allein in der weiten Welt zurückgelassen zum verhungern; Die andern jüdischen Familien, die in der Stadt bleiben konnten, hörten von meinem Unglück haben mir geschrieben ich soll dort kommen sie haben eine Stelle für mich bei einer jüd. Familie habe dort gearbeitet sehr schwer aber nur für das Essen 10 Jahre, dann ließen meine Kräfte nach ich konnte nicht mehr arbeiten habe mich gemeldet hier im Invalidenheim wurde angenommen bin ich hier schon 5 Jahre, man ist wohl hier versorgt aber man braucht immer ein bischen Geld, ich bin schon 74 Jahre alt und sehr oft krank Magenkrank ich kann die guten Speisen die es hier gibt, leider nicht genieszen und muss ganz streng Diät leben, – dann braucht man immer // etwas Geld zu Kaufen, was man sich selbst zubereiten kann, auch brauche ich sehr oft Medizin und habe kein Geld mir dieses zu kaufen. Meine Angehörigen sind leider im Kriege von Hitler ermordet worden und habe ich Niemand der mir mit etwas behilflich sein kann. Ich wende mich jetzt an Sie geehrter Herr Wolfenhaut mit der ergebenen Bitte vielleicht wäre es Ihnen möglich für mich eine kleine Geldspende [eingefügt ‚jeden Monat'] zu senden ich wäre Ihnen sehr dankbar und würden eine grosse „Mizwoh" verdienen ich bin eine arme unglückliche Witwe ich bin schon 74 Jahre alt und sehr oft krank ich appeliere an Ihr gutes Herz. Für Gottesmann brauchen Sie Geld nicht mehr zu schicken und könnten es vielleicht für mich übertragen, das heiszt, wenn es Ihnen möglich wäre. Entschuldigen Sie bitte, das ich die Freiheit besitze, Ihnen soviel zu belästigen. Falls Sie mir schreiben, so bitte deutsch, da ich russisch noch nicht viel erlernt habe.

In der angenehmen Hoffnung von Sie gute Nachricht zu erhalten zeichne mit bestem Gruß ganz ergebenst Gendler Lea

Julius Wolfenhaut, der seit 1994 in Deutschland lebte, leitete Lea Gendlers Brief an Margot Ringwald weiter. Margot Ringwald hatte ihm, nachdem sein Buch „Nach Sibirien verbannt" 2005 erschienen war, geschrieben. Datiert ist seine Antwort auf den 9. Januar 2006. Auch 60 Jahre nach dem Ende des Zweiten Weltkriegs ist die Geschichte nicht vergangen.

Regensburg 9.01.06

Sehr geehrte Frau Dr. Ringwald
es hat mich sehr gefreut, in Ihnen eine Landsmännin, eine gebürtige Czernowitzerin, wenn auch nur brieflich kennen gelernt zu haben. Schade um unsere liebe Heimatstadt! Die Bukowina hat nie zum Zarenreich gehört, erst die Bolschewiki haben sie uns geraubt.
Nun zur Sache: Ich habe in Czernowitz weder Herrn Josef Gottesmann noch seinen Bruder, den Vater meines lieben, unglücklichen Freundes Julius Gottesmann gekannt. Mit Julko, wie wir ihn nannten, habe ich mich erst in Brünn, wo er an der Deutschen Technischen Hochschule Maschinenbau studierte, während ich mich für Elektrotechnik inskribiert hatte, befreundet. 1938 schlossen wir das Studium erfolgreich ab. Julko war für seinen Beruf geradezu prädestiniert. Er war handwerklich sehr geschickt (eine Fähigkeit, die mir abging), bastelte gern, versorgte sich in der Industriestadt Brünn mit allerlei Werkzeugen, war später in seinem Beruf sehr erfolgreich. Sein tragisches Schicksal hat mich tief berührt. Ich glaube kaum, dass aus mir auch ein tüchtiger Ingenieur geworden wäre, Lehrer sein war wohl meine eigentliche Berufung im Leben.
Auf die schwierige Lage des Herrn Josef Gottesmann hat mich Herr Gewürz, der auch nach Stalinka deportiert worden war (siehe S. 88 3. Z.v.o. in meinem Buch) aufmerksam gemacht. Als wir Stalinka verlassen durften, gelang es ihm, in Assino, einem Städtchen unweit von Tomsk, unterzukommen. Irgendwie hat er von meinem Aufenthalt in Teguldet zu wissen bekommen wie auch dass ich, der ehemalige Hungerleider, als Lehrer inzwischen finanziell besser gestellt war. Er bat mich brieflich Herrn Gottesmann, der in einem Altenheim in Kolpaschewo, einer Kleinstadt nördlich von Tomsk untergebracht war, mit Geld zu unterstützen. Daraufhin überwies ich Herrn Gottesmann bis zu seinem Tod regelmäßig 50 bzw. 100 Rubel, deren Empfang er mir jeweils bestätigte. In Beantwortung Frau Geldners Brief schickte ich ihr 100 Rubel, erklärte aber, dass ich weitere Zuwendungen einstellen muss. Ich war damals der einzige Verdiener in der Familie; meine Frau, Lehrerin, betreute unsere zwei kleinen Kinder.
Anbei sende ich Ihnen die Kopie einer Ansichtskarte des Herrn Gottesmann (Briefe schrieb er nicht, vermutlich des höheren Portos wegen) und die Kopie Frau Geldners Brief; er enthält viele Einzelheiten über Herrn Josef Gottesmanns letzte Tage (die Krit-

zeleien auf der Ansichtskarte stammen von unseren damals kleinen Söhnen.) Die Kopien hat unser Sohn Alexander, der ein Kopiergerät besitzt, angefertigt.
Wenn Ihnen, sehr geehrte Frau Dr. Ringwald, die Adressen des Steven Spielbergzentrums und des Holocaustzentrums in den USA bekannt sind, wäre ich sehr dankbar, wenn Sie mir diese mitteilen.
Ihre guten Wünsche erwidere ich freudig und nachdrücklich!
In herzlicher Verbundenheit
Ihr
J. W. Wolfenhaut
PS Meine Frau und ich sind nun alt und krank, die Beine versagen uns schon den Dienst. Unsere Söhne Juri und Alexander sorgen rührend für uns. Beide haben ihr Studium an der Tomsker Universität abgeschlossen, sind verheiratet, haben Kinder, arbeiten hier als Programmierer auswärts und kommen jeweils erst zum Wochenende nach Hause in Regensburg (auch dieser Brief geht erst am kommenden Samstag ab), versorgen uns für die ganze Woche mit Lebensmitteln, fahren uns zum Arzt u.v.a.m.
Seit 1995 beziehe ich als ‚zum deutschen Kulturkreis gehörend' eine schmale Rente; uns genügt es vollauf, wir haben sogar etwas zurückgelegt. Wir wären zufrieden und glücklich, wenn nicht die Altersbeschwerden [wären]: Wir sind u.a. von der Macula-Degeneration der Augen betroffen; meine Frau sieht schon sehr schlecht, ich kann nur noch mit dem rechten Auge lesen, aber auch dieses wird zusehends schwächer.

Auch diese Begebenheit liest sich, als wäre sie einzigartig. Jedes Schicksal ist singulär, aber dennoch steht auch diese Geschichte wohl sinnbildlich für so viel Hass und Grausamkeit, so viele elende Lebensläufe, die der Antisemitismus und der Krieg verursacht haben. Erst das Erzählen von beispielhaften Episoden gibt der Geschichte einen Namen und verleiht ihr damit ihre Gestalt.

Abb. 11 Postkarte von Josef Gottesmann an Julius Wolfenhaut, 1957.

In der Verbannung

Heute lockt das Gebiet des Vasyugan Fotografinnen und Fotografen aus aller Welt an. Es gilt als eines der größten Sumpfgebiete der Welt. Seine Weite, seine Wälder, die Mäander des Flusses sind in der Tat beeindruckend. Der Vasyugan ist ein Nebenfluss des Ob, im westlichen Sibirien, im Verwaltungsgebiet von Tomsk. Hierhin, an die „schwarzen Wasser des Vasyugan“ wurde der junge Julius Wolfenhaut 1941 aus Czernowitz deportiert. In Stalinka und Novy Vasyugan war er als Deportierter, in Tomsk blieb er danach, weil er das Land nicht verlassen durfte, als Lehrer, bis er 1994 als alter Mann nach Deutschland ausreisen konnte, weil Deutschland, getrieben vom schlechten Gewissen, sich anerbot, Flüchtlinge aus der ehemaligen Sowjetunion aufzunehmen. Tomsk – knappe 400 Kilometer Luftlinie von Vasyugan entfernt – ist eine recht große Stadt, sie zählt eine halbe Million Einwohnerinnen und Einwohner, hat eine altehrwürdige Universität, Theater, Kultur. Wäre die Transsibirische Eisenbahn nicht etwa 150 Kilometer südlich durch Nowosibirsk geführt worden, so wäre Tomsk heute noch bedeutender.

Die Kollektivierung der Landwirtschaft in der Sowjetunion nach der von Stalin 1929 in die Wege geleiteten ‚Großen Wende' sollte genug Getreide bereitstellen, auch zum Export. Auf sich allein gestellt, ohne Bündnispartner, ohne Kredite, gebeutelt vom Ersten Weltkrieg und von dem teuer erkauften Frieden, den Hungersnöten von 1921/22 wollte die sowjetische Führung so die wirtschaftliche Situation verbessern. Der Widerstand dagegen wurde als von ‚Saboteuren', in der Hauptsache von den Mittel- und Großbauern, den Kulaken, organisiert bezeichnet und die ‚Entkulakisierung' beschlossen. Was das bedeutete, wurde bald klar: Nicht nur die großen, auch die mittelständischen Bauern mussten ihre Betriebe hergeben und wurden umgesiedelt. Sie fanden sich in entfernten, fremden, unwegsamen Gebieten in neu gegründeten einfachen Siedlungen wieder.

Das Land des Vasyugan war für Landwirtschaft im großen Stil völlig ungeeignet, es ist lange Winter, der Vasyugan gefroren, die Sommer sind kurz. Geeignetes Material und Gerätschaft standen nicht zur Verfügung. Da die Sterblichkeit in den Siedlungen sehr hoch war, brauchte es immer wieder ‚Nachschub'. Dieser wurde einerseits bei den in Ungnade gefallenen Sowjetbürgerinnen und -bürgern rekrutiert oder bei den angeblich bourgeoisen und staatsfeindlichen Kreisen in den neu angeschlossenen Gebieten, etwa den baltischen Staaten oder der Bukowina.

Nicht alle nach Sibirien Deportierten kamen in Lagerhaft. Siedlungen wie Novy Vasyugan waren keine Lager; es gab keine Drahtzäune und Bewachungseinrichtungen, bloß eine Kommandostelle. Mehr war gar nicht nötig. Ähnlich wie es Margot Ringwald für Transnistrien beschreibt, wurden auch die Jüdinnen und Juden aus Czernowitz in Sibirien einfach ‚irgendwo' abgesetzt, bekamen eine Hütte oder ein Bett, wenn überhaupt, sonst einfach eine Liegestelle, in einem Bauernhof zugewiesen und mussten nach den Anweisungen des lokalen Kommandanten arbeiten. Weder an Sommer noch an Winter in der sibirischen Steppe gewöhnt, ohne Kenntnisse der Landwirtschaft, ohne Geld und ohne Unterstützung gerieten sie bald in die tödliche Spirale des Hungers, der Krankheit, des Dahinsiechens. Sie gaben alles her, was sie hatten, um etwas Nahrung zu bekommen, meist Kartoffeln oder wenigstens Kartoffelschalen. Doch das reichte nicht aus. Viele starben einen elenden Tod.

Julius Wolfenhaut schildert, wie seine Mutter und er nach einer langen Flussreise in Sredni Vasyugan ankamen: „Es war die erste Station für uns Verbannte. Wer wollte, durfte sich hier niederlassen. Viele gingen mit ihren Koffern und Bündeln an Land. Ich hielt Mutter zurück: Ich hoffte auf Besseres. Wären wir doch dort ausgestiegen! Denn was kam, war nur schlimmer." Auch die weiteren Stationen, Krasnojarka, Malomuromka ließen sie aus, in Tewris durfte niemand bleiben. Erst in Stalinka – am Schluss der Reise stand der große Name

– war Endstation. Für viele, auch für seine Mutter, war es das Ende. Sie starb an Hunger, ‚Altersschwäche' in der Behördensprache.

Die Bauern hatten nicht mehr als die Neuankömmlinge, alles Getreide hatten sie abzuliefern. Einzig die privaten Pflanzungen, etwas Kartoffeln, etwas Gemüse, sicherten ihnen ein knappes Durchkommen. Der Hunger ging um. „Mit dem Stundenglas", erinnert sich Wolfenhaut, „und streckte seinen Arm bald nach diesem, bald nach jenem aus."

Von Stalinka kam Wolfenhaut 1942 nach Novy Vasyugan. Deportierte mit einer Fachausbildung wurden im Zentrum des Rayons zusammengezogen. Von Novy Vasyugan kam er nach Tomsk. Den 16. September 1944 bezeichnet er als seinen Glückstag. Er wurde Lehrer für Mathematik, Physik und Zeichnen in einer Kolonie für junge, kriminelle Männer. Von dort verschlug es ihn nach Teguldet, einem kleinen Dorf, fernab. Erst 1960 kam er – mittlerweile mit Familie – nach Tomsk zurück. Lehrer war er immer geblieben. Und er blieb es auch jetzt, bis er 1985 pensioniert wurde. 1994 durfte er ausreisen. Der Antrag war seit 1991 gestellt. 53 Jahre hatte er in Sibirien zugebracht.

Seine Erinnerungen hielt Julius Wolfenhaut fest und veröffentlichte sie unter dem Titel: „Nach Sibirien verbannt: Als Jude von Czernowitz nach Stalinka 1941–1994". Sein Vater war schon im Dezember 1941, von Frau und Sohn getrennt, im Arbeitslager in Dolinskoje in Kasachien gestorben. Julius Wolfenhaut selbst starb immer nur halb, nie ganz, konnte sich stets ‚irgendwie' retten und überlebte. Seine Mutter, schreibt er, habe ihm zweimal das Leben geschenkt: bei seiner Geburt und bei ihrem Tod. Als sie gestorben war, konnte er ihre karge Hinterlassenschaft in ein paar Kilogramm Kartoffeln umtauschen.

In seiner Schilderung nehmen die Demütigungen, der Hunger, die Plagen der Mücken, Läuse und Wanzen, die Zwangsarbeit, die Einsamkeit, die eisige Kälte einen wichtigen Platz ein. Mit übermenschlicher Anstrengung und Glück blieb er am Leben. Immer wieder traf er auf Menschen, die ihm halfen. „An Grobheiten und Rüpeleien bin ich gewöhnt, gute Worte lassen mir Tränen in die Augen treten", schildert Julius Wolfenhaut seine Gefühle als alter Mann in Deutschland. Vielleicht sind viele ältere jüdische Menschen gerade deshalb so fröhliche Menschen, weil sie so viel Elend und Schlimmes gesehen und erfahren haben.

Die Schilderung einer grotesken Szene der jungen Leute in Czernowitz belegt diesen eigenartigen Wolfenhaut'schen Sinn für Humor: „Es war heiß. Julko", sein Freund Julius Gottesmann, mit Margot Ringwald und ihrem Onkel Josef eng verwandt, „stieß das Fenster auf, und ins Zimmer drang die kühle, nach einem kurzen Platzregen feuchte Nachtluft. Einige von den farbigen Kerzen, die unsere Tafel schmückten, verloschen im Windhauch. Die Mädchen schauerten. Sie waren schöner denn je, aus ihren Augen blickten das Dunkel und die Verheißung. Edi, ein wenig beschwipst, brüllte: ‚Ich will im Kaukasus begraben sein!' Die Vorsehung nahm ihn beim Wort, nur dürfte ihr Kompass defekt gewesen sein, denn sie verlegte seine Grabstätte weiter nach Osten, als er es gewünscht hatte, und beträchtlich nördlicher. Davon aber später ... Irgendwer grölte: ‚Es wird ein Wein sein, wir werden nimmer sein, und es wird Mädels geben, wir werden nimmer leben ...'. Es war wirklich ein schöner Abend. Indessen kam das Schicksal auf uns zu mit schweren Tritten. Wir hatten sie überhört."

Dem Gefährten Julius Gottesmann spielte das Schicksal so mit: „Julko (Dipl.-Ing. Julius Gottesmann), mein Brünner Studienkollege, konnte 1940 nach dem Anschluss der Nordbukowina an die Sowjetunion eine Stelle als Ingenieur im nordbukowinschen Provinzstädtchen Wischnitz finden. Nach Kriegsausbruch (1941) und fluchtartigem Abzug der Roten Armee wurden er und seine Frau von Soldaten der nachrückenden rumänischen Truppen erschossen."

An Julius Wolfenhaut ist die Postkarte von Josef Gottesmann gerichtet. Er bedankt sich am 10. Dezember 1957 mit ein paar Worten für die Unterstützung von 50 Rubel, die ihm Julius Wolfenhaut regelmäßig zukommen lässt.

„Sehr geehrter Herr Wolfenhaut

Ich bestätige Ihnen dankend den mir am 6 e überwiesenen Betrag von fünfzig R. Die Verspätung weil die Post keine Karten hat. Nochmals besten Dank u wünsche Ihnen samt Familie alles Gute bei voller Gesundheit mit vielen Gruß Ihr Gottesmann"

Das Bild auf der Vorderseite zeigt den Kreml in Moskau. Ausgerechnet den Kreml! Vielleicht konnte er 1957 keine andere Karte auftreiben – oder diese Ansicht des Kreml war noch die beste, die er bekommen konnte. Die Karte ist ein eindrückliches Dokument der gegenseitigen Kontakte, Hilfe und Unterstützung unter den Deportierten und Verbannten.

Gemäß sowjetischer Gepflogenheiten, wonach Post vom Großen zum Kleinen adressiert wird, ist die Karte an: Tomskaja Oblast, das ist der Verwaltungsbezirk, nach dem Ort Teguldet, an die Ul. Sagorksa 62, an J. Wolfenhaut gerichtet. Als Absender ist zu entziffern: Wiederum zuerst der Bezirk Tomskakja Obl. für Oblast, im Örtchen Kolpatschew, genaue Ortsangabe Kruglowski, vom Absender Gottesmann, Josef.

Die Russen kommen – „Die Kinder hatten es nicht schlecht"

Hatte sich nicht der Kommunismus die Gleichheit der Menschen auf die Fahnen geschrieben? Und was war passiert? Margot Ringwalds Onkel landete als ‚Kapitalist' in Sibirien. Die Menschen waren doch nicht alle gleich. Das war eine sehr persönliche Erfahrung, die sie prägte, die aber auch stellvertretend für die Geschichte vieler Czernowitzer Jüdinnen und Juden steht.

Die Russen kamen mehrmals nach Czernowitz. Ihre Präsenz von 1940 war ein vergleichsweise kurzes Zwischenspiel. Wenngleich eines mit dramatischen Folgen für die jüdische Bevölkerung. Was der rumänische Staat in langen Jahren seit 1918 ergebnislos versucht hatte, gelang dem sowjetischen in nur einem Jahr: den jüdischen Geist und die jüdische Kultur dieser Stadt zu vertreiben. Wenigstens weitestgehend. Als Geist und Kultur zerstört waren, vernichteten die Rumänen und die Nationalsozialisten auch noch die übriggebliebenen Menschen. 1944 kamen die Soldaten der Roten Armee auf ihrem Vormarsch nach Berlin auch wieder nach Czernowitz. Man erwartete sie. Mit gemischten Gefühlen, aber mehrheitlich doch mit der Hoffnung, dass es nun einfach besser werden würde. Schlimmer als in den Kriegsjahren konnte es nicht kommen.

Margot Ringwald schildert den Rückzug der Deutschen und den Einzug der sowjetischen Truppen in Czernowitz als etwas, „was ich nie im Leben vergessen werde: Wir standen draußen. Die Deutschen, sie rannten, sie schrien. Sie rannten! Es war ein heilloses Durcheinander. Dann waren vielleicht zwei Stunden Ruhe. Nichts hat sich gerührt. Und wir standen da, schauten. Nach zwei Stunden kamen die Russen. Das heißt, Sowjets. Die ersten waren diese Tadschiken, oder was es waren, Mongolen. Auf kleinen Wägelchen, mit den Pferden, sie lagen auf dem Bauch. Es waren Pferde, die da zuerst kamen mit diesen Leuten." Die sowjetischen Soldaten hatten sich vielleicht die so genannten „Chaps-ach-if-Wägelchen" geschnappt, um einfacher vorwärtszukommen. Diese einspännigen kleinen Wagen waren beliebte Transportmittel. Vorläufer des Taxis? Ihr Name leitet sich vom jiddischen „Springen Sie auf" her, wie Raimund Lang in seinem historischen Stadtführer über Czernowitz schreibt. „Und dann kamen Tanks. Wir waren ja so glücklich, alle. Und die haben uns auch etwas heruntergeworfen. Ich weiß nicht mehr, was das war. Irgendetwas Gutes. Am nächsten Tag sahen wir: Drei deutsche Offiziere hatten den Anschluss verloren. Dann schleppten sie den einen – der auf dem Pferd war kleiner als der Deutsche – und die haben den geschlagen. Und dann zack, auf der Stelle erschossen. Das war im Krieg. So war der Krieg. Das war damals ein Hass war das. Ein Hass! Unglaublich, es ist unbeschreiblich.“

Nach dem Krieg kehrte die Familie Gottesmann wieder zurück in ihre ehemalige Wohnung. „Das war eine sehr schöne Wohnung“, sagt Margot Ringwald. „Dann aber requirierten die Russen die Wohnung und setzten Russen hinein. Das war sehr schlecht. Da kam einer und wollte die Wohnung requirieren, da ging meine Mutter auf den Balkon und schrie: Diebe, Diebe, Einbrecher! Da rannte der fort. Da waren ein paar Mal solche Sachen. Aber dann dachten meine Mutter und mein Vater, das geht so nicht. Wir durften nur ein Zimmer haben. Dann suchten die Eltern selber jemanden und fanden auch jemanden: einen Russen, mit seiner Frau und zwei Kindern. Sie vermieteten ihm sozusagen die Wohnung. Er war Schuhmacher. Ein wunderbarer Schuhmacher. Er hatte seine Werkstatt in der Wohnung. Aber leider soff er. Und wenn er sich besoff, dann schlug er seine Frau, seine Kinder. Wenn er soff, dann war es schlimm. Meine Mutter redete mit ihm. Gut, sagte er, er mache es nicht mehr. Aber das stimmte natürlich nicht. Wenn ihn meine Mutter erwischte, dann schimpfte sie mit ihm. Du darfst nicht schlagen, befahl sie ihm. Er hatte Respekt vor meiner Mutter, das kann man sich gar nicht vorstellen. Wenn meine Mutter kam – sie war eine starke Persönlichkeit –, dann nahm sie die Wanda – die Frau hieß Wanda – und die Kinder zu uns ins Zimmer. Und er schlug in seiner Wut die eigenen Möbel, die er gekauft hatte, kaputt. Dann kam Weihnachten, da schlachtete er im Badezimmer ein Schwein. Man kann sich leicht vorstellen, was das gab. Schön war das nicht. Aber wenigstens hatten wir Ruhe vor den Militärs.“

Die neue russische Verwaltung brachte Erleichterungen. Czernowitz hatte ein paar Kriegsschäden, war aber nicht zerstört. „Der Vater konnte wieder arbeiten. Meine Mutter, die war eigentlich Lehrerin. Sie brauchten Leute, die Russisch und Ukrainisch konnten, aber sie brauchten auch Taubstummenlehrer. Meine Mutter hatte einmal einen Kurs gemacht und wurde nun Lehrerin für die Taubstummen. Sie hatte einen Riesenerfolg. Sie machte das einfach sehr gut, hatte die Kinder gern. Sie hatte einen Lohn. Ich weiß nicht wie viel, aber es war ein Lohn. Ich hatte es immer mit dem Tanzen. Dann sagte sie: Vielleicht kannst du das machen. Eine Feier, wo die Kinder tanzen. Aber wieso macht man das mit der Musik? Die Kinder hören doch gar keine Musik. Und dann machten wir das sehr gut. Ich stand hinten und zeigte den Kindern vor. Das war ein Riesenerfolg. Da kann ich mich noch gut erinnern.“

Margot Ringwald – sie war jetzt 14 Jahre alt – konnte wieder zur Schule gehen. „Meine Mutter hatte diesen Taubstummenunterricht. Und mein Vater war Buchhalter. Und ich durfte zur Schule, was wir vorher nicht durften. Ich hatte eine sehr gute Lehrerin. Auch eine Russin. Maria Iwanovna. Streng, aber sehr anständig. Überhaupt waren viele Russen, die wir kennen lernten, sehr nett und gebildet. Ich spielte Klavier, so Walzer und Tanzmusik, und alle kamen auf die Balkone heraus: Margò igrajet – Margot spielt.“ Sie betont es: „Ich war in der Schule.“ Während der schlimmen Jahre zwischen 1940 und 1944 war das nicht möglich gewesen: „Ich durfte nicht in die Schule gehen. Juden durften keine Schule besuchen. Was machten aber die Juden? Sie baten die Lehrer – es waren sehr gute Lehrer –, uns in Gruppen zu unterrichten, in Latein, Mathe, Deutsch, in den wichtigen Fächern.“

„Die Kinder hatten es nicht schlecht“, sagt Margot Ringwald über die neue Zeit. Aber wie schon 1940 brachte die neue Zeit rasch auch neue alte Sorgen für die Bevölkerung. Margot Ringwald erlebte das so: „Von Zeit zu Zeit kamen Transporte. Sie brauchten Arbeitskräfte für die Donbass-Minen. Frauen. Und da nahmen sie sie von der Straße. Du gingst einkaufen, weg ab. Eine Cousine meines Vaters war auch dabei, aber ihr gelang es, in der Nacht vom Boden des Waggons zu fliehen. Da kam sie zurück. Aber wen nahmen sie nicht? Was für Frauen? Lehrerinnen und Ärztinnen. Die brauchten sie. Einmal wollten sie auch meine Mutter mitnehmen, aber sie zeigte an: Ich bin Lehrerin, und da konnte sie wieder zurück. Da waren dann viele deportiert in die Kohlenminen. Aus Siebenbürgen wurden auch viele in die Kohlenminen deportiert. Alle Deutsche. Oft die Anständigen.“

Die Gottesmanns, Mutter, Vater und Margot, machten sich so schnell als möglich auf nach Bukarest. „Als wir fortgingen“, erzählt Margot Ringwald, „wir durften fort, weil mein Vater aus der Südbukowina, aus Siret, kam, – da machte der Schuhmacher, dem meine Eltern die Wohnung überlassen hatten, eine große Feier und gab meinem Vater ein Glas Wodka und ein Glas Wasser danach, wie das üblich war. Mein Vater schüttete den Wodka in den Ficus. Der Kleine des Schuhmachers und seiner Frau hieß Alex. Und der war drei Jahre alt und bekam solche Stamperl mit Wodka. Sie hat so geheult, die arme Frau. Er war ein guter Mensch. Er machte mir ein Paar sehr hübsche Stiefel“.

Margot und ihre Eltern ließen ihre Wohnung wieder zurück und machten sich auf den Weg nach Bukarest. Und wieder hofften sie, es möchte besser werden. Irgendwie müsste doch die Befreiung freiere Menschen aus ihnen machen.

Abb. 12 Onkel Martin in der Uniform der rumänischen Armee, 1930/31.

Die Befreiung 1944

Dann war es plötzlich so weit! Eine gefühlte Ewigkeit war es her, seit am 5. Juli 1941 die rumänischen mit den deutschen Truppen in Czernowitz eingezogen waren. Und doch waren es „nur" drei Jahre gewesen, während derer die Deutschen ihr Unwesen trieben. Jetzt aber rannten sie! Und wie. Sie, die Herren der Welt, machten sich eilends mit allem, was sie noch hatten, aus dem Staub. Es war der 29. März 1944. Aber sie schafften nicht mehr, was sie – Margot Ringwald weiß von diesen Plänen – vorhatten: die verbliebene jüdische Bevölkerung umzubringen. Ungefähr ein Drittel der Jüdinnen und Juden vor dem Krieg überlebte das Elend. „Ich bin mit den andern am Straßenrand gestanden und habe zugesehen, wie da die Deutschen flohen", berichtet sie. „Da kam ein deutscher Soldat in unser Haus. Und fragte nach einem Tee, er hätte so kalt. Wir sind Juden, sagten wir. Ah, er war so froh, er hatte schon seinen Tee, da sagt er: Der Hitler, was die uns kaputt gemacht haben. Und wer nicht wollte, der musste trotzdem zur Wehrmacht. Meine Mutter hatte so Mitleid mit ihm." Margot Ringwald macht in ihrer Erzählung ein treffliches Wortspiel. Sie nimmt den Hitler und setzt ihn in die Mehrzahl: Der Hitler, was die uns kaputt gemacht haben.

„Und dann war da ein paar Stunden nichts und dann kamen die Russen.“ Mit den Russen zu reden, war nicht so einfach. Aber „meine Mutter konnte etwas Ukrainisch. Das ist nicht so weit weg vom Russischen. Sie hatten auch ein ukrainisches Dienstmädchen gehabt, zuhause. Die Ukrainer hatten kein G, dann sagten sie Hottesmann. Und die Russen konnten kein H sagen, dann sagten sie Gänsel anstatt Hänsel.“ Aber es ging, und man lernte rasch.

Es ist nicht einfach, sich das vorzustellen. Alles ist anders, und doch ist es immer das Gleiche. Früher waren die Juden keine ‚richtigen‘ Rumänen gewesen, weil sie schon längst da waren, als die Bukowina rumänisch wurde. „Die Schulen besuchten meine Eltern ja auf Deutsch“, sagt Margot Ringwald. Sie waren größtenteils Österreicherinnen und Österreicher. „Sie hatten sich überhaupt nicht als Rumänen gefühlt. Meine Mutter wurde sogar ausgelacht, als sie versuchte, Rumänisch zu sprechen.“ Gleichwohl leistete zum Beispiel Onkel Martin 1930/31 seinen Militärdienst in der rumänischen Armee, wie die Fotografie zeigt. Martin, der später Goldschmied wurde und ganz jung starb, ist auch auf der Fotografie von Margots Mutter und ihren Geschwistern zu sehen, damals noch als Bub.

Nach dem zweiten großen Krieg waren die Jüdinnen und Juden keine ‚richtigen‘ Ukrainerinnen und Ukrainer oder Russinnen und Russen. Aber sie waren auch nicht ‚richtige‘ Rumäninnen und Rumänen. Sie waren wiederum einfach nur Jüdinnen und Juden. Und das in einem Staatsgebilde, das keine Religionen mehr duldete. Mit dem erneuten Einbezug der Nordbukowina in die Ukrainische Sozialistische Sowjetrepublik verschwand die jüdische Kultur weitestgehend aus Czernowitz. Manchmal hat man den Eindruck, was noch an die jüdische Geschichte erinnert, sind die Friedhöfe. Zwar blieben auch viele Häuser und Gebäude als sichtbare Zeichen stehen, doch das sind nur die Schalen, das Innenleben ist verschwunden. Czernowitz war endgültig von gestern. In den letzten 20 Jahren wächst jedoch in Form verschiedener Initiativen ein zartes Pflänzlein der jüdischen Geschichte.

„Wir hatten Glück!“, sagt Margot Ringwald, einmal mehr. Schon bald fand wieder Schule statt. Für die Kinder war das herrlich. Zwar herrschten Mangel und Not, zwar planten immer mehr jüdische Familien, Frauen und Männer, ihre Auswanderung, was sie zu unerwünschten Personen machte, die vielfach unter Druck gesetzt wurden. Zwar räumten die sowjetischen Truppen alles ab, was irgendwie bei ihnen Verwendung finden konnte. Uhren, Fahrräder, Nahrungsmittel, einfach alles, was sie brauchen konnten. Doch das fanden alle nicht mehr so schlimm. Die unmittelbare Bedrohung des Lebens hörte auf. „Es war eben nicht mehr Krieg, es war eben nicht mehr lebensgefährlich.“

Oder etwa doch? Was für die einzelnen Menschen ein großes Glück bedeutete, die Befreiung vom Nationalsozialismus, war für die jüdische Kultur der endgültige Untergang.

Schlimmes und Gutes – Worauf man sich verlassen kann

Wäre Margot Ringwald nicht ein so fröhlicher Mensch, so wäre das, was sie erzählt, voller Elend. Aber ihr gelingt es, weil sie immer auch etwas Positives findet, ihre Schilderungen aussehen zu lassen, als wären sie gar nicht so schlimm. Margot Ringwald hat immer auch einen Blick für das kleine Glück.

Manchmal ist dieses Glück schlicht unglaublich. Ein ganz besonderer ‚Glücksmoment' bewahrte Margot Ringwald und ihre Eltern vor dem Gang auf die ‚Struma'. Die Struma war ein Flüchtlingsschiff mit Destination Palästina. Der Bruder der Mutter, Onkel Isidor in Bukarest, hatte das arrangiert. Sie hatten „das Telegramm", sozusagen die Fahrkarten. Die Struma lief am 12. Dezember 1941 von Constanza aus. Sie hatte fast 800 Flüchtlinge an Bord, war schlecht ausgerüstet und hatte keinerlei Nahrung geladen. Istanbul sei nicht weit, dachte man. Zunächst nahm sie Kurs auf die Stadt am Bosporus, wo sie, weil der Motor immer wieder streikte, verspätet eintraf. Die weitere Geschichte der Struma liest sich wie ein Flüchtlingsschiffdrama unserer Zeit. In Istanbul ließen die türkischen Behörden die Flüchtlinge nicht an Land, die britischen Behörden gestatteten ihnen aber die Einreise nach Palästina nicht, weil sie nicht im Besitz der nötigen Bewilligungen waren. Auf dem Schiff brach die Ruhr aus, und der Kapitän lehnte die Verantwortung für die Weiterfahrt ab. Da ließen die Hafenbehörden das Schiff einfach aufs offene Meer hinausschleppen. Am Morgen des 24. Februar 1942 wurde die Struma von einem Torpedo getroffen und sank in kürzester Zeit. Bis auf einen jungen Neunzehnjährigen, der sich retten konnte, ertranken alle Flüchtlinge. Ob der Torpedo deutscher oder russischer Herkunft war, ist umstritten. Aber das spielt für die Toten auch keine Rolle. Und für die Familie Gottesmann auch nicht. Weil sie genau an jenem Tag im Dezember 1941 vom Ghetto in Czernowitz auf einen dieser Deportationstransporte gehen sollte, musste sie flüchten, sich versteckt halten und verpasste – glücklicherweise, muss man sagen – das Schiff. Bei allem Elend fand doch immer wieder das Glück den Weg zur Familie Gottesmann, so sieht es Margot Ringwald.

Fast wäre das Leben nach dem Krieg wieder gut geworden, aber dann war das auch schon wieder vorbei. „Der Vater bekam eine ganz schöne Abfindung. Das war schon in Bukarest. Wir hatten alles schön in einem Koffer mit Doppelboden. Nun kamen da Einbrecher und nahmen alles mit. Die Kleider, das Geld und den Schmuck von meiner Mutter, das heißt von der Familie. Nichts hatten wir! Nichts!“

Doch! Ist man versucht zu erwidern. Sie hatten Onkel Isidor in Bukarest, der für die jetzt Mittellosen eine Wohnung fand. „Beim Onkel war es sehr, sehr schön. Er war so lieb und gut. Aber wir konnten nicht bleiben, zu viert dort wohnen. Also wollten wir etwas mieten. Der Onkel wollte, dass wir bleiben, aber meine Mutter wollte das nicht.“

Zwar blieben Margot Ringwald und ihre Eltern nicht beim Onkel, aber bis Anfang der 1960er-Jahre in Bukarest. Das ist eine lange Zeit. Irgendwie schafften sie es immer zu überleben. Margot Ringwald fand eine Stelle beim Radio. Sie machte bei einer deutschsprachigen Sendung mit. Als Jüdin hatte sie es nicht leicht. Denn wer einen Ausreiseantrag nach Israel stellte, musste mit Konsequenzen rechnen. Nicht offen, eher verdeckt. Er oder sie bekam einfach keine Arbeit. Das wurde nicht begründet, das war einfach so. Überhaupt musste man vorsichtig sein. Sie erzählt von André Beno Sebastian. Das ist der Bruder des Schriftstellers Mihail Sebastian[60]. Er arbeitete beim Radio für eine französische Sendung. „Der sagte seinen Kollegen. Leute hört mal her. Ich muss euch sagen, ich bin von der Securitate, der Geheimpolizei, als Spitzel verpflichtet worden, redet also nicht mit mir.“

Abb. 13 Liese und Isidor in Bukarest, 1934.

Onkel Isidor

Onkel Isidor ist so etwas wie der Helfer der Familie. Immer, wenn man ihn brauchte, war er da. Erst war es seine Beziehung zu Elfe Hödl, die für die kleine Margot zum Glücksfall wurde. Sie konnte in schwerer Not bei den Hödls unterkommen. Zuerst fanden Mutter und Vater auch Unterschlupf, später dann nur sie, die Eltern nicht. Aber immerhin. Eine Hilfe für den Moment war das schon. Dann sorgte Onkel Isidor, den sie alle Bubi nannten, in Bukarest für das Überleben in der ersten Zeit nach dem Krieg.

Mit seiner Schwester Liese zusammen sieht man ihn auf dem Bild vom Oktober 1934. Es trägt auf der Rückseite einen Stempel: Foto N. Budzugan, Bucuresti, Bd. Elisabeta 16.

Später schickte er aus Caracas in Venezuela, wohin es ihn verschlagen hatte, Pakete für Elfe, die ihn verlassen hatte. Über die ganze weite Welt ist die Familie von Margot Ringwald verteilt. Von Sibirien bis Caracas. Lauter verrückte Lebensgeschichten.

Es ist vielleicht nicht ganz richtig, Onkel Isidor als den Helfer der Familie zu bezeichnen. Denn man muss sofort anfügen, dass Hilfe und Unterstützung überall waren. Sie sind das großartige Gegenstück zu Elend und Verfolgung. Je bedrängter die jüdischen Familien waren, umso mehr halfen sie sich gegenseitig. In die Enge ihrer Wohnung nahmen die Gottesmanns noch Flüchtlinge aus Polen auf. Man rückte noch enger zusammen. Es ist nicht die Not, welche die Menschen abweisend werden lässt, es ist der Überfluss. Von der Teilnahme am gesellschaftlichen Leben ausgesperrt, der Lebensgrundlagen wie Arbeit, Schule, des Einkommens beraubt, war es egal, welcher religiösen Richtung man angehörte oder ob man West- oder Ostjude war. Vom Nationalsozialismus auf die einfache Formel ‚Jude' zurückgeworfen, waren alle auf Hilfe angewiesen und boten einander Unterstützung. Margot Ringwald sieht überall gute Gesten der Unterstützung. Das ist typisch für sie, überall sieht sie die kleinen Hilfen; sie hat sie nie vergessen.

Von Onkel Isidor bewahrt Margot Ringwald hand- und maschinengeschriebene Briefe auf. Auf ihre Bitte hin, er möge ihr helfen, erklärte er ihr darin ihr Herkommen und schilderte ihre Vorfahren, die er noch gekannt hatte. „Teures Margoterl" nennt er sie liebevoll, Tochter Ilana ist das „Ilanchen". In Venezuela war er allein. Er schrieb am 1. Juni 1988: „Von mir ist zu sagen, dass ich mich das ganze Jahr über nicht gut gefühlt habe: Ein Jahr der Herz- und Schwindelanfälle. Vor zwei Monaten hatte ich einen kleinen Ohnmachtsanfall, der Sekunden mit Bewusstseinsverlust dauert. Es ist sehr schwer allein zu sein. Ich brauche Pflege. Liese will zu mir kommen, werden sehen was zu tun ist. [...] Ich denke daran nach Europa zu ziehen." Er fasste die Südschweiz ins Auge.

Da war es schon sechs Jahre her, seit er 1982 erklärt hatte, er ziehe nach London. „Meine Übersiedlung nach London, die von mir geplant ist, werde ich nach noch einem nochmaligen Besuch in London fest fassen. Ich muss meine Neusiedlung vorbereiten. In meinem Alter ein sehr schweres Unterfangen, das ich ausschließlich aus Gründen meiner brüderlichen Anhänglichkeit zu meiner Schwester Liese machen werde, denn es ist alles so schwer für mich."

Auch hier dringt das Motiv der Hilfe wieder durch. Onkel Isidor wollte seine Schwester Liese in London unterstützen. Daraus wurde nichts. Sechs Jahre später brauchte er selbst Hilfe. Isidor Türkisch starb Anfang der 1990er-Jahre in Caracas. Liese kam nie nach Caracas. Es ist ein wenig paradox: Über ihren Onkel Isidor weiß Margot Ringwald wenig. Alle seine drei Schwestern kamen zu ihm nach Bukarest, Henriette, Blanca, Liese. Er half allen, aber von sich gab er wenig preis. „Er war immer so geheimnisvoll. Ich weiß nämlich nichts über ihn", sagt Margot Ringwald. Ausgerechnet sie, die „von jedem etwas zu erzählen" weiß.

Abenteuer Bukarest – Man musste Ideen haben

Die Eltern Gottesmann und Margot durften von Cernovtsy, wie Czernowitz jetzt auf Russisch hieß, nach Rumänien fahren. „Wir durften ja zurück. Wir hatten die Bewilligung. Wir gingen dann zum Onkel nach Bukarest. Der war dort Anwalt." Er sorgte für sie. Er war so etwas wie ihre Lebensversicherung. Er kommt in ihren Geschichten immer wieder vor.

„Mein Onkel wollte eigentlich Medizin studieren. Das hatte er schon begonnen, aber da waren schon die schlechten Zeiten. Sie quälten ihn und beschimpften ihn. Dann wollte er nicht mehr, ging nach Bukarest und machte Jus. Er lebte gut. Da sind wir zu ihm, und dann ergab sich etwas: In einer schönen Straße war ein schönes Haus. In diesem Haus war eine jüdische Familie mit ihrer Tochter. Und die hatten hinten so ein Dienstbotenhaus. Und dieses Dienstbotenhaus – ich erzähle davon, weil das auch sehr schwer ist – hatte zwei Zimmer frei. Eine Familie, die das Glück hatte, eine Ausreise nach Südamerika zu bekommen zu Verwandten, hatte eine alte Tante und wussten nicht, was sie mit ihr machen sollten. Sie sagten, wenn wir die alte Tante aufnähmen, so helfen sie uns und zahlen uns, dass wir dort leben konnten. Da nahmen wir die Tante auf. Das heißt, sie hatte ein Zimmer und wir drei ein anderes. Das war ein Leben. Wir hatten eine Küche. Nicht einmal klein, aber alles Bretter. Unten dran war ein Keller, drüber einfach Bretter. Es war bitterkalt. Meine Mutter kochte auf einer Petroleum-Lampe. Das hat gestunken. Die Kleider, alles hat gestunken. Ich machte dann später Übersetzungen, und das Erste, was ich kaufte, war so ein Gasherd, mit zwei Flammen. Das war eine Freude."

Der Krieg verursachte aber auch Entzweiungen. Die krisenhafte Zeit sorgte auch in den Familien für manche Anspannung und manchen Streit. Auch hier bleibt Margot Ringwald sich treu. Ihre Geschichten nehmen meist ein gutes Ende. So auch die Geschichte um Elfe Hödl. Gerhard, Elfes Bruder, und Onkel Isidor, der vom schlechten Einfluss des Bruders auf seine Schwester überzeugt war, fanden wieder zueinander. Gegen Ende des Lebens. „Da versöhnten sie sich", erzählt Margot Ringwald. „Er hat ihn um Verzeihung gebeten. Gerhard war nicht schuldig. Im Gegenteil. Er war so anständig."

Der ‚gute Onkel' – diesmal nicht derjenige in Amerika, sondern jener in Bukarest – war der eine Teil der Erfahrungen nach dem Krieg. Der andere ist Bukarest selbst, die Stadt, das urbane Umfeld. Da war alles möglich.

„Der Weg nach Bukarest war schon ein Abenteuer", erzählt Margot Ringwald. „Es waren ja keine Transportmöglichkeiten da. Die Chauffeure, das waren meistens Russen, Ukrainer, was weiß ich was, und die haben das ausgenützt. Jeder bezahlte. Dann blieben die in der Mitte stehen und sagten, sie wollen noch mehr Geld. Aber wir sind angekommen." Und sie fanden eine Wohnung, zusammen mit dieser fremden Frau, der „Tante", und einer weiteren Frau mit ihrem Sohn, die das dritte Zimmer bewohnten, aber immerhin. „Zu essen hatte man wenig. Ganz wenig. Und wenn man beim Bauern etwas kaufen wollte, so musste man einfach Geld haben. Oder tauschen. Oder irgendetwas." Man musste Ideen haben. Margot Ringwald konnte an der Handelsakademie studieren. Nur diese Institution stand ihr offen. Drei Jahre studierte sie, der Abschluss galt als Abschluss einer Universität. Sie „machte Übersetzungen vom Russischen ins Deutsche und ins Rumänische." Und sie unterrichtete. Das tat sie überall und hielt sich so immer in Übung: später in Wil an der Handelsschule, in Bern am Humboldtianum, dem ‚Humber', wie die Schule genannt wurde, in Basel an der Minerva-Schule und dann in den Abendkursen von Hoffmann-La Roche und Sandoz.

Wie immer war ihre Mutter um eine Idee nicht verlegen. „Meine Mutter bekam Pakete aus Amerika, von ihrer Tante, von gebrauchten Kleidern. Das half uns sehr. Dann verkaufte sie sie. Ein paar Sachen, die wir brauchten, behielt sie, die anderen, die schönen, verkaufte sie. Damit wir ein bisschen Essen kaufen konnten. Es gab wenig. Bei Leuten, die sich schön kleiden wollten, da verkaufte meine Mutter die Kleider. Diese Tante von New York war so lieb." So war es diesmal die gute „Tante aus Amerika".

Abb. 14 Bild aus dem Artikel: «Zwischen sieben Kulturen» in der Schweizer Illustrierten vom Februar 1936.

Czernowitz und Bukarest

Margot Ringwald schildert das alte Czernowitz vor dem Zweiten Weltkrieg als Ort, wo alle Kulturen Platz hatten und die Menschen verschiedenster Ethnien und Nationalitäten friedlich mit-einander, oder doch neben-einander her leben. Diesen Eindruck findet man bestätigt, wenn man zum Beispiel den Artikel „Zwischen sieben Kulturen" in der Schweizer Illustrierten vom Februar 1936 liest: „Cernauti (Czernowitz) in der rumänischen Bukowina ist Drehscheibe zwischen Ost und West, Süd und Nord. Rumänische, russische, polnische, ostjüdische, ungarische, österreichische und schwäbische Kultur trifft sich hier. […] Als Ganzes macht Cernauti (sprich: Tschernautz) den Eindruck einer deutschen Provinzstadt. Sie erhält aber eine eigenartige Färbung durch die ukrainischen Bauern in ihren Trachten. Hier die drei Frauen spazieren an einem regenfeuchten Tag durch die Straßen. Die rechts außen hat den Regenschirm unter dem Überwurf. Regenschirm und barfuß!"

Die Zeitschriften, die, weil sie reichlich Bilder publizierten, eben Illustrierte hießen, brachten in jenen Jahren sehr gerne Reportagen aus fernen Ländern. Was im 19. Jahrhundert bereits die sogenannten Volkskalender in geringerem Maß taten, pflegten die Illustrierten sehr. In einer Zeit ohne Fernsehen und Internet waren die Bilder von Reise- und Länderreportagen auch Aufklärung, nicht allein Unterhaltung. Diese Artikel wurden gerne gelesen, die Fotografien gerne angeschaut. Sie waren ein essenzieller Bestandteil journalistischer Arbeit.

Bukarest, wo Onkel Isidor hinzog und das später für Margot und ihre Eltern ein kleines, aber sehr wertvolles Glück bedeutete, war vor dem Elend des Zweiten Weltkriegs eine pulsierende Großstadt. Als der Berichterstatter der Schweizer Illustrierten 1936 seinen Fuß auf Bukarests Boden setzte, erfasste ihn eine große Begeisterung. „Paris oder …! Nein, Bukarest, das ‚Paris des Ostens', und doch so verschieden von der französischen Metropole: exotischer, leidenschaftlicher, rücksichtsloser. Stadt der Gegensätze: eleganteste, schwere Luxusautos, daneben barfüssige Kulis, die sich unterm Tragjoch ihrer Warenkörbe biegen. Arme Bauern, für die zehn Franken ein großes Vermögen bedeuten, und daneben Offiziere in schnittiger Uniform, ein unendlicher Schwarm eleganter, schöner Frauen; wundervolle Bojarenhäuser einerseits, elende Hütten anderseits, griechischer Adel, armenische Großkaufleute, exklusive rumänische Offizierskreise und andere Rassen aller Ostländer schwirrten durcheinander."

Mit dem Boulevard Haussmann in Paris, mit der Via Veneto in Rom oder der Friedrichstraße in Berlin nehme es Bukarest auf. Und wenn man die Fotografie von Martin, Elfe und Isidor betrachtet, dann entsteht durchaus ein Eindruck vom Chic dieser Stadt. ‚Vornehm geht die Welt zugrunde', würde die schnippische Berlinerin sagen. Die Friedrichstraße! 1936. Ausgerechnet. Da wurde gerade die Olympiade zelebriert, mit Pomp und Gloria suchten die Nationalsozialisten die Internationalität. Noch einmal war für kurze Zeit der Jazz erlaubt und wurde im Radio gespielt, wurden die Schilder ‚Nicht für Juden' abmontiert. Aber die Nürnberger Gesetze von 1935 waren erlassen.[61] Aufmerksamen Zeitgenossinnen und Zeitgenossen – und allen, die es sehen wollten und konnten – war längst klar, wohin die Nationalsozialisten Deutschland und die Welt führen würden: in den Abgrund des Krieges.

Der Krieg war vorbei – Vorwärts und nichts vergessen

Margot Ringwald weiß das Jahr nicht mehr genau zu benennen, in welchem diese Fotografie gemacht wurde. Sie sei sicher 20 Jahre alt. Also muss man das Jahr auf 1950 und später festlegen. Auf die Frage, wozu sie ein solches Bild gebraucht habe, antwortet sie, dass man das damals einfach so machte. „So wie die jungen Frauen in Amerika heute noch." Solche, vom Fotografen inszenierten Fotos konnte man für allerlei brauchen. Für eine Bewerbung oder als Erinnerungsgeschenk. Margot Ringwald arbeitete in Bukarest auch als Übersetzerin und für das Radio. Da konnte ein gutes Foto, in Bukarest an bester Adresse aufgenommen, sicher irgendwann einmal hilfreich sein. Dieses Foto gehört in eine ganze Serie, die in einem kleinen Leporello zusammengehalten wird. Alle zeigen die selbstbewusste, aber ernste junge Frau. Viel Lächeln ist da nicht. Elegant ist sie gekleidet. Ideal spielen Licht und Schatten mit ihrem schwarz-weißen Rock. Die drei Knöpfe glänzen im Licht. Es gibt keinen Schmuck, keine Kette, Armreif, Ohrringe. Die Uhr ist es. Größer als normale Damenuhren wird sie sogleich zum Anziehungspunkt. Man wird unweigerlich auf sie aufmerksam. Uns zeigt die moderne Inszenierung eines: Der Krieg war vorbei. Es ging vorwärts.

Obwohl Bukarest abseits der Front lag, hatten die Kriegshandlungen die Stadt durchaus getroffen. Sie war sowohl von den amerikanischen und englischen, aber auch von deutschen Fliegern bombardiert worden. Als die rumänische Regierung sich 1944 von den Deutschen abwandte, hatten diese noch vor der eigentlichen Kriegserklärung sofort den Königspalast und die umliegenden Gebäude mit Bomben bewerfen lassen. Der Plan zur Eroberung von ganz Bukarest ließ sich nicht erfolgreich durchführen. Dieser abrupte Wandel, herbeigeführt vom Staatsstreich des Königs Michael I., in dessen Folge der Diktator Ion Antonescu abgesetzt wurde, war mehr als ein bloß innenpolitisch bedeutsames Ereignis. Für die deutsche Wehrmacht wurde er ein Desaster. Mit ihm brach mit einem Mal – die Deutschen waren schlecht vorbereitet, sie hatten damit nicht gerechnet – ein großer Teil der Kräfte im Süden der Ostfront weg. Ohne rumänische Truppen beschleunigte sich der Vormarsch der Roten Armee. Bereits am 31. August 1944 wurde Bukarest von Soldaten der Roten Armee überrannt.

Die Stadt war in Aufbruchstimmung. Seit sie 1861 zur Hauptstadt gekürt worden war, war sie enorm gewachsen. Schon vor dem Zweiten Weltkrieg hatte sie eine Einwohnerzahl von fast einer Million Menschen erreicht. In den 1950er-

Abb. 15 Margot Ringwald, ca. 1950.

Jahren wuchs sie um mehr als das Doppelte. Sie zog Leute von überall an. Bauernfamilien kamen in Folge der Kollektivierung der Landwirtschaft aus allen Landesteilen. Zwar waren in der Stadt einige Kriegsschäden zu reparieren; das wurde aber mit einem großen Bauprogramm in die Hand genommen. 1947 übernahm die Kommunistische Partei die Führung endgültig, und von da an sollte die Stadt nach vorne schauen. Bukarest als Hauptstadt wurde Vorzeigeobjekt. Die Stadt wurde das industrielle Zentrum, überhaupt das wirtschaftliche, das kulturelle, das studentische. Vielleicht ist die Fotografie von Margot Ringwald auch einfach dieser Dynamik der Modernisierung, dem Zeitgeist, zuzuschreiben. So ein Foto musste man einfach machen lassen. 1971 zählte die Stadt über 60.000 Studentinnen und Studenten. Aber da waren Margot Ringwald und ihr Mann Erwin und ihre Eltern schon lange nicht mehr da.

Erwin Ringwald – Die große Liebe

Erwin hatte sich gleich drei Plätze in der riesigen Schlange vor der Post gesichert und war immer ein klein wenig unterwegs, damit dies nicht auffiel. Man redete, man schwatzte miteinander. Vom Ziel her gesehen, ein Paket nach Israel aufzugeben, waren Warteschlangen eine Mühsal, aber für die Kommunikation waren sie ein Hotspot. Nirgends erfuhr man in kürzester Zeit mehr, nirgendwo lernte man rascher mehr Menschen kennen.

In Bukarest musste man sich früh anstellen, wenn man am Morgen gleich an der Reihe sein wollte. Um acht, wenn die Post öffnete. Margot und ihre Mutter stellten sich bereits am Abend vorher um neun Uhr in die Warteschlange. Mutter sprach mit Erwin und stellte ihre Tochter vor: „Das ist meine Tochter." Dieser gefiel der junge, gutaussehende Mann. Und er machte ihr Komplimente: Er habe sie schon im Tram gesehen, und sie erinnere ihn stark an seine Mutter. Sie wäre, denkt er unverfroren, eigentlich eine Frau für ihn. Das habe er sich so gedacht. Ein Wort gab das andere, und schon war ein Termin für das Ausgehen abgemacht. Zehn Minuten wollte er warten, nicht länger: „Wenn du nicht kommst, dann gehe ich." Das sagte er gleich; so war er, sehr freundlich, allerdings leidenschaftlich direkt. Aber Margot war immer pünktlich. Das hat sie von ihrem Vater; er war Buchhalter. Von ihm hat sie die Pünktlichkeit.

März 1959. Eben hatte Fidel Castro im Februar Havanna mit seiner Befreiungsarmee erobert, und nach der Niederschlagung des Ungarn-Aufstandes von 1956 war der Kommunismus im Vormarsch. In Rumänien wurde die Industrialisierung energisch vorangetrieben, auf Kosten der Landwirtschaft. Das traditionelle Bauerntum wurde in kollektivierten Betrieben zusammengefasst und verschwand.

Die Mutter war nicht angetan von der Heirat ihrer Tochter. Sie hatte nichts gegen Erwin, im Gegenteil, aber sie wollte nicht, dass Margot ihn heiratet. Margot sollte sich nicht so einen armen Schlucker nehmen. Sie sollte warten. Sie könnten sicher bald in ein freies Land ausreisen, da sollte sie dort einen Mann suchen, der ihr etwas bieten könne. Einen, der etwas geworden ist. Doch da intervenierte der Vater. Ausgerechnet der Vater: Er, der ein Leben lang tat, was die Mutter wollte. Er sagte energisch: „Jetzt heiratet sie den Erwin, das ist ein anständiger Mann, und fertig." Die Mutter schwieg, sagte kein Wort. Für einmal war der Vater derjenige, der sagte, was er wollte. Die Eltern hatten ihre Rollen getauscht.

Im Juli 1959 heirateten Margot und Erwin auf dem Standesamt. Am Abend ging das Paar mit einer Freundin und einem Freund in ein Restaurant am See. Nicht in das mondäne, sondern in ein kleines Beizlein[62] nebenan. Und da aßen sie Wiener Würstchen und tranken Bier. Immer am 10. Juli, an ihrem Hochzeitstag, gibt es seither ‚Wienerli' und Bier.

Das andere Hochzeitsessen, bei der Trauung in der Synagoge im Dezember, war ein Hühnereintopf und etwas Süßes zum Dessert. Im einzigen Zimmer der Familie waren außer dem Brautpaar und Margots Eltern zu Gast: die Patin und der Pate sowie ein Freund, der lange noch in Marburg lebte, eine Freundin, die später in Genf wohnte, ein Nachbar, der in der gleichen Straße wohnte, und die wunderbare Freundin, Ilse Rosenberg, die Schauspielerin.

Bei der Trauung musste der Vater Schmiere stehen, damit niemand sehen konnte, dass sie heirateten. Das erforderten die Auswanderungsanträge. Zwölf Jahre warteten Margot und Erwin schon. Unabhängig voneinander hatten sie die Anträge gestellt, und jede Änderung erhöhte die Gefahr, dass das Warten von vorne begann. Doch dann kam wieder eine Welle von Genehmigungen. Schließlich bezahlten Israel und Deutschland für die Ausreisenden. Und Rumänien brauchte immer Devisen. 1960, im Januar, war es so weit: Sie konnten ausreisen. Alle zusammen, die Eltern, Margot und Erwin.

Die Briefträger in Bukarest wussten ganz genau, dass sie etwas abbekamen, wenn sie die Auswanderungsbewilligung brachten. Geld. 1000 Lei. Das war viel Geld. Damals. Manchmal blieben auch Möbel zurück, die dann von den Postangestellten zum Nebenerwerb vermarktet wurden. Auswanderung ist immer auch ein Geschäftszweig. Zuerst kamen die Postboten zu den Gottesmanns. Margot wollte aber nicht ohne Erwin fahren. Doch er machte ihr Mut: Natürlich fährst du, dann kann ich mit umso größerer Freude nachkommen. Am nächsten Tag brachten die Pöstler die Ausreisebewilligung auch ihm.

Erwin besaß etwa 20 Dollar. Die versteckte er im Zug nach Wien unter dem Teppich im Wagen der Ersten Klasse. Er hatte einen Tipp bekommen, wie man Devisen sicher ins Ausland schaffen konnte. Margot wusste davon nichts. Aber dann waren da in Wien plötzlich 20 Dollar. Margot bekam als erstes ein Paar neue Schuhe. Das tat Not. An den Schuhen, die sie trug, fielen die Sohlen ab.

In Wien warteten Erwins Onkel und Tante am Bahnhof. Schön angezogen. Tante Martha war unglaublich elegant. Eine richtig schöne Frau war sie. Einen tollen Fuchsmantel hatte sie an – es war Winter. Einfach schick. Onkel Alexander führte alle in ein schönes Wiener Kaffeehaus zum Frühstück. Obschon es in Bukarest auch schöne Orte gab, war das irgendwie anders. Man servierte ihnen wunderbare Gipfel und herrlichen Kaffee. Wie im Paradies. Margot schaute sich vorsichtig um. Das machten sie in Rumänien immer so. Registrieren: Wer ist da? Und sie sprach ganz leise. Sie dachte, wegen der Ereignisse in Ungarn sei das angezeigt. Da unterbrach sie der Onkel und sagte laut: „Erstens musst du nicht Ausschau halten, denn hier ist keiner, der dir etwas Böses will. Zweitens kannst du ruhig laut sprechen, und drittens war das keine Konterrevolution, sondern eine Revolution."

Sie waren im Westen angekommen.

Abb. 16 Margot und Erwin in Tel Aviv.

In Bukarest, in Wien, in Israel, in Rom … und in der Schweiz

Bukarest ist gleichbedeutend mit dem Ende des Zweiten Weltkriegs, nicht mit dem Ende der Not, aber mit dem Ende des nazistischen Schreckens. Bukarest und die Jahre von 1946–1960 stehen in der Erinnerung von Margot Ringwald für vielerlei Unbill und Ungerechtigkeiten, aber die Erinnerung an Bukarest ist auch untrennbar mit Erwin Ringwald verbunden: ihrer großen und tiefen Liebe.

„Später lernte ich dann den Erwin kennen. Der hatte ein Zimmer im 5. Stock. Der Lift ging fast nie. Und das war einmal eine schöne Wohnung gewesen, aber alles war heruntergekommen, nichts repariert. Die Wohnung hatte drei Zimmer. Im einen wohnte ein Offizier mit seiner Frau und zwei Kindern. Im andern wohnte eine alte Admiralin – das heißt die Frau eines Admirals. Er war schon längst tot, sie war schon sehr alt – mit ihrer alten Tochter. Und im dritten Zimmer wohnten wir. Die Küche mussten wir zu viert benützen, jeder ein Eckchen, denn es durfte auch die Abwartfrau in unserer Küche kochen. Das ging noch. Ich habe mich gut verstanden. Die haben mir noch erklärt, wie man kocht. Aber: Es gab ein WC und ein Badezimmer zusammen. Das war ein Problem. Wenn die Leute alle am Morgen müssen, das kann man sich nicht vorstellen. Dann war der Offizier – das waren sehr anständige Menschen – kein sehr kultivierter Mann und machte immer Pipi aufs Brett. Und da schrieb die Admiralin einen grossen Zettel: Bitte kein Pipi aufs Brett machen. Einmal in der Woche durfte man baden. Es waren so viele Leute mit der einen Badewanne. Das war … Ich weiß es nicht mehr. Aber bei uns war das noch gut. Wir haben uns vertragen. Zum Beispiel bei Bekannten. Bei denen war das gleich, mit einem Badezimmer. Da war eine Verrückte, bösartig. Die legte dann Scherben auf den Boden, damit die Leute sich die Füße kaputtmachten, verletzten. Das waren immer Tragödien."

„Erwin arbeitete viel im Sport. Er hatte Medizin studiert in Klausenburg/ Cluj und Budapest. Sein Vater stimmte nicht mit den Kommunisten. Er war Sozialdemokrat. Er war jemand in der Partei und war Chef der Anwälte. Deshalb steckte man ihn ins Gefängnis. Er wurde geschlagen und gefoltert. Und dann auch Erwin, als Sohn von diesem Mann. Deshalb durfte er nicht mehr fertig studieren. Er konnte nicht Arzt sein, nur Medic." Ein Medic ist ein Arzt ohne Doktortitel, erklärt Margot Ringwald. „Und deshalb arbeitete er viel im Sport. Er war sogar Schiedsrichter im ersten Leichtathletikwettbewerb zwischen den USA und der UdSSR. Das war in Moskau. Er schrieb auch in der Sport-Zeitung und machte auch Karikaturen. Er hielt sich über Wasser. Eine alte Dame lud ihn immer zum Essen ein. Seine Mutter hatte überhaupt keine Pension, weil der Vater sozialdemokratisch war. Und dann schickte Erwin alles, was er verdiente, seiner Mutter. Für sich selbst kaufte er sich einen, zwei Knochen. Er goss das auf mit Salz und Brot. Das ass er meistens, und wenn man ihn einlud, so war er sehr dankbar. Und diese Dame, die ihn einlud, war eine Ungarin, eine ganz nette Frau, die hieß Georgetta. Und Ilana gaben wir dann auch diesen Namen. Die war so gut. Sie war wie eine Mutter. Eine Ungarin. Er rief sie Mamuka. Sie war wirklich sehr gut zu ihm. Und ihre Tochter war auch sehr lieb.

Also er hatte es schon schwer. Was er konnte, gab er der Mutter. Er hatte ja selbst nichts. Sie war eine gescheite und schöne Frau, sagen alle. Ich kannte sie ja nicht. Sie war Klavierlehrerin, ausgebildet in Budapest bei einem sehr guten Pianisten. Der Vater spielte Geige. Sie haben viel zusammen musiziert. Dann verliebte sie sich in Erwins Vater. Den traf sie im Spital. Er war doch verletzt aus dem Ersten Weltkrieg. Die junge schicke Frau aus dem mondänen Budapest ging dann aus Liebe mit nach diesem kleinen Ort, Deva. Der Vater war auch ein interessanter Mensch. Er verteidigte Homosexuelle, ohne Geld. Er war ein großer Idealist. Dann kam die Zeit, wo man nichts mehr durfte. Er wurde aus der Advokatur rausgeschmissen. Die Mutter war sehr begabt und schneiderte. Sie hatte auch Mädchen, die für sie arbeiteten. So erhielt sie die Familie. Sie bekam dann einen Hirntumor. Einen gutartigen. Heute könnte man das operieren. Aber sie starb. Sehr jung. Mit 57 glaube ich. Erwin hatte seine Mutter sehr gern. Und sie ihn auch."

„Und da will ich noch eine Klammer machen. Erwin und ich konnten nie ein Radio haben. Wir dachten, wie schön wär's aufzuwachen und Radio zu hören. Wir konnten das nicht haben. Und als man es uns endlich bewilligt hatte, das sind wir Gott sei Dank weg."

Die Idee, nach Israel auszuwandern, war nicht neu. Bloß hatte die Familie Gottesmann 1941, im Dezember, die Struma verpasst und war gezwungenermaßen geblieben. Aber der Wunsch wegzukommen, bestand immer weiter. „Meine Eltern und ich hatten schon zwölf Jahre vorher ein Gesuch gestellt. Erst 1960 durften wir auswandern. Die Bewilligung auszureisen, die war auch so: Also, wenn der Beamte klein war, dann hat er das vom Regal genommen, was unten lag, und wenn er groß war, dann das Gegenteil. Manchen wurde das Auswandern überhaupt nicht erlaubt. Die Ausreisebewilligungen kamen in Wellen. Plötzlich ließ man ausreisen. Man darf nicht vergessen. Israel bezahlte für die Juden, Deutschland für die Deutschen. Da durften Juden und Deutsche manchmal ausreisen. Inzwischen musste man dort weitermachen. Dann kam wieder so eine Welle. Dann entdeckte man, dass Erwin dieses Auswanderungsgesuch gestellt hatte. Und ich auch. Da durfte man nicht mehr arbeiten. Ich habe dann schwarz Stunden gegeben. Er durfte als Arzt arbeiten, 100 km weiter. Das war schlecht bezahlt. Aber immerhin. Er hatte so seine Leute. Wieder eine schöne Geste. Da war seine Kollegin. Um ausreisen zu können, musste man eine Bewilligung haben von der Arbeit, dass sie dich lassen. Oder irgendeine Bewilligung. Die Kollegin vom Erwin hatte einen Mann, und der war an einer solchen Stelle, wo man Bewilligungen gab. Und wir hatten gesagt, damit er keine Schwierigkeiten bekommt, wir wollten nach Ungarn in die Ferien. Als wir dann in Budapest waren, schrieben wir rasch noch eine Karte, dass es uns gefalle. Damit er nicht in Schwierigkeiten kommt. Wir sind dann direkt weiter nach Wien. Da waren meine Eltern mit dabei. Erwins Eltern waren schon beide tot. Der Vater starb 1953, die Mutter 1957."

„Doch wir wollten nach Israel." Dort, in Tel Aviv, entstand die Fotografie des jungen Paares. „Wir fuhren direkt nach Israel und wollten dort bleiben, aber wir mussten unsere Studien beenden. Wir haben uns interessiert, aber das war sehr schwer, wegen der Sprache. Die Sprache ist sehr schwer. Das heißt besonders schreiben. Und wir waren ja auch nicht mehr die Jüngsten. Und dann hat meine Mutter – sie hat immer alles gemacht – sich interessiert und hat uns ein Stipendium verschaffen können für Italienisch. Weil Italienisch und Rumänisch, die sind verwandt. Und so kamen wir nach Rom." In Rom wurden beide, Margot und Erwin, promoviert. Sie zur Doktorin der Philologie, er zum Doktor der Medizin. Das war im Sommer 1963. Rom! Das war das

Leben. Jung, endlich frei und überaus glücklich. Zwar hatten sie überhaupt kein Geld und nur ein kleines Zimmer, doch in ihrer Erinnerung blieben die Jahre in Rom als die vielleicht beste Zeit ihres Lebens haften. Margot Ringwald erinnert sich weiter. „Nachher wollte Erwin wieder nach Israel. Aber immer sagten sie, das geht nicht, wir haben so viele Ärzte. Wir haben keine Arbeit. Bleib noch ein bisschen und so. Und dann wollten wir in Rom noch [bleiben] – wir hatten sehr gute Stellen in Rom –, aber dann sah es so aus, als würden die Kommunisten an die Macht kommen. Da sagten wir: ‚Zweimal? Nichts wie weg.' Und dann haben wir, dann hat Erwin Bewerbungsbriefe geschrieben. Nach London und in die Schweiz. Von der Schweiz kamen drei Briefe. Da waren zwei private Kliniken. Und die Kantonsklinik in der Ostschweiz. In Rom hatte er die Arztprüfung gemacht. Er konnte dann vier Jahre Psychiatrie machen, in Wil."

Von Wil zogen die Ringwalds nach Bern und später nach Riehen bei Basel. Überall auf der Welt, nicht nur in der beschaulichen Schweiz, haben sie zahllose Freundinnen und Freunde.

„Ich habe gleich unterrichtet. Französisch, Englisch, Italienisch. Das war interessant, weil da war ein junges Ehepaar. Und die hatten gerade eine kaufmännische Privatschule eröffnet. Ich bin die Gotte[63] ihrer Tochter. Sie waren 16 Jahre verheiratet. Dann kam das Kind. Und damals wusste man nicht, ob Junge oder Mädchen. Er wollte einen Jungen nach seinem Vater Adolf nennen. Sie sagte: Ein Junge mit Namen Adolf, das kommt gar nicht in Frage. Zum Glück war es ein Mädchen, Rahel." Ihre Freundschaften verbinden sie mit der halben ganzen Welt.

„Studiert hatte Erwin in Budapest und zuerst in Cluj, Klausenburg in Siebenbürgen. Dort haben wir bis jetzt noch Freunde. Die Tochter seines Lehrers, die Adelina Oprean[64]. Die Geigenlehrerin. Sie ist Konzertgeigerin, und bis vor kurzem war sie Direktorin der Geigenabteilung in der Musikhochschule in Basel. Die Familie kommt aus Sibiu. Ihr Bruder, ein begabter Pianist, ist gestorben. Er lebte in Deutschland und hat zwei herrliche Söhne. Die sind lieb und gut. Sie kommen oft."

Oder in Marburg.

„Ich hatte bis vor kurzem noch einen Mitschüler aus Czernowitz. Der hieß Robert Weiner. Er war fast Nobelpreisträger. Nobelpreisverdächtig. Er hat überall unterrichtet. Auch in Amerika. Und dann wohnte er in Marburg, halb in Marburg, halb in Paris wohnte er. Er war Physiker. Er war sehr berühmt."

Oder in der Ostschweiz.

„Ich bin auch Gotte bei einem Kollegen von Erwin in Wil. Einer Tochter. Und dann sagte Erwin, da frage ich den Rabbiner, ob er nichts dagegen hat. Da sagte Rabbi Teichmann aus Zürich, das sei selbstverständlich, das sei ein Vertrag mit Gott, sehr schön. Da sagte Erwin dem Kollegen, du frag auch den Pfarrer.

Ob er das will. Und der war ganz begeistert. Das war ein junger Pfarrer, der war schon in Amerika gewesen. Der sagte: Hallo, das ist toll, da haben wir eine Gotte, die jüdisch ist. Und dann sagte Erwin, frag den Priester auch, ob er einverstanden ist, sowieso, weil er war reformiert, sie katholisch und sie wollten die Kinder katholisch taufen. Sagte er, gut. Wir kommen vor die Kirche, und Erwin fragt: Heinz hast du gefragt? Und? Ist er einverstanden? Da sagte er: Nicht gefragt. Das sagte Erwin: Und wenn er nicht will. Dann taufe ich sie nicht. Die sind sowieso aus der Kirche ausgetreten. Er hat lieber nicht gefragt, weil sein Bruder war der Götti, und der war ohnehin schon reformiert."

Die Ringwalds waren wegen ihrer Lebensumstände viel unterwegs. Der Antisemitismus und der Krieg bewirkten, dass sie Freundinnen und Freunde fast überall auf der Welt haben. So sehr wurde die jüdische Gemeinde von Czernowitz durcheinander gerüttelt und verstreut. Im Herbst ihres Lebens ist Margot Ringwald glücklich, so viele Freundinnen und Freunde zu besitzen, nicht nur in ihrer unmittelbaren Umgebung. Wer ihr begegnet, ahnt sofort: Sie liebt die Menschen, hat sie immer geliebt. Wie sonst könnte sie von ihnen so begeistert sein?

„Ich muss sagen: Ich habe viele liebe gute Menschen in meinem Leben kennen gelernt. Egal welcher ‚Rasse' oder Religion. Nur gute Menschen. Und die Bösen hat man wieder vergessen." „Aber nicht immer", fügt sie an. Sie sagt den letzten Satz ganz leise.

Anmerkungen

1 Sergij Osatschuk, Tscherniwzi – das Czernowitz von heute, in: Deutsches Kulturforum östliches Europa (Hg.), Mythos Czernowitz, S. 181.

2 „Für den Schweizer Publizisten Felix Lazar Pinkus war Czernowitz der einzige Ort auf der Erde, an dem die Judenemanzipation so weit gediehen war, dass Juden sich dort einfach ‚zu Hause' fühlten, als hätte sich der alte jüdische Traum einer ‚nationalen Heimstatt' im ‚Jerusalem am Pruth' erfüllt (zit. n. Markus Krämer, Czernowitz. Das österreichische Jerusalem und Dr. Benno Straucher, in: Die Stimme, Mitteilungsblatt für die Bukowiner, Nr. 48, 1949, S. 3 f.)"; Andrei Corbea-Hoisie, Jüdisches und jiddisches Czernowitz, in: Deutsches Kulturforum östliches Europa (Hg.), Mythos Czernowitz, S. 67. Es gab weitere Jerusalems. So nannte man etwa Vilnius/Wilna das ‚Jerusalem Litauens'. Ich danke Heiko Haumann für den Hinweis.

3 Marianne Hausleitner, Eine wechselvolle Geschichte, in: Braun (Hg.), Czernowitz. Die Geschichte einer untergegangenen Kulturmetropole, S. 39.

4 Lang, Czernowitz. Ein historischer Stadtführer, nennt 120.000 Einwohner.

5 Dies und das Folgende nach Ranner, Halling, Fiedler u.a. (Hg.), „... und das Herz wird mir schwer dabei", S. 17 ff.

6 Der meistens nach Adolf Hitler (1889–1945) und Josef Stalin (1878–1953) benannte Vertrag wird manchmal auch den beiden Außenministern Wjatscheslaw Molotow (1890–1986) und Joachim Ribbentrop (1893–1946, ab 1925 von Ribbentrop) zugeschrieben, die ihn am 23. August 1939 in Moskau unterzeichnet hatten.

7 Ranner, Halling, Fiedler u.a. (Hg.), „... und das Herz wird mir schwer dabei", S. 20.

8 Die Bezeichnung Ghetto kommt aus dem Italienischen. In Venedig wurden die Juden 1516 gezwungen, in einem Viertel bei der Neuen Gießerei (geto nuovo, getto – Guss) zu wohnen.

9 Der Diktator Antonescu hieß Ion Victor Antonescu (1882–1946), war General und von 1940 bis 1944 Diktator des Königreichs Rumänien. Antonescu war verantwortlich, dass der nationalsozialistische Völkermord an den Jüdinnen und Juden, aber auch an den Roma in Rumänien möglich wurde. Man spricht heute von etwa 300.000 bis 400.000 Toten. Wer nach Palästina auswandern konnte, musste sich teuer vom rumänischen Staat loskaufen. Antonescu wurde 1944 gestürzt, 1946 zum Tod verurteilt und erschossen.

10 Gold (Hg.), Geschichte der Juden in der Bukowina, Bd. 2, S. 65.

11 Joseph Schmidt (1904–1942) der Sänger wurde in der Bukowina geboren, wuchs in Czernowitz auf und starb in der Schweiz, im Lager Girenbad bei Hinwil – wegen unterlassener Hilfeleistung (vgl. Lukas Hartmann, Der Sänger, Zürich 2019). Rose Ausländer (1901–1988) wurde in Czernowitz geboren und wuchs dort auf. Ähnlich wie Margot Ringwald überlebte sie in unzähligen Verstecken, ging dann nach dem Krieg in die USA und nach Deutschland. Erst ab 1956 schrieb sie wieder in deutscher Sprache!

12 König Michael I. (1921–2017) (Rum. Mihai) war von 1927 bis 1930 sowie von 1940 bis 1947 König von Rumänien.

13 Josef N. Rudel, Nur über Czernowitz reden, in: Rychlo (Hg.), Czernowitz. Europa erlesen, S. 70.
14 Kurt Rein, Czernowitz und die Deutschen, in: Heppner (Hg.), Czernowitz. Geschichte einer ungewöhnlichen Stadt, S. 96.
15 Paul Celan (Celan ist ein Anagramm für Antschel, rumänisch Ancel, seinen Familiennamen) (1920–1970) war ein für die moderne deutschsprachige Lyrik wichtiger Dichter und Übersetzer. Er wuchs in Czernowitz auf, seine Eltern starben im Lager Michailkowa, die Mutter wurde von einem SS-Mann erschlagen, der Vater starb an Typhus. Celan arbeitete als Häftling im Straßenbau. Nach dem Krieg ging er über Czernowitz und Bukarest nach Paris. Zeit seines Lebens konnte er sein Trauma, den Tod der Eltern, nie überwinden. Wahrscheinlich brachte er sich selbst um.
16 Georg Heinzen, Wo die Hunde die Namen olympischer Götter trugen, in: Rychlo (Hg.), Czernowitz. Europa erlesen, S. 249/250.
17 Harnik, Man liebte weiterhin Oesterreich, in: Ranner, Halling, Fiedler u.a. (Hg.), „... und das Herz wird mir schwer dabei", S. 76.
18 Yavetz, Erinnerungen an Czernowitz, S. 172 und 173.
19 Yavetz, Erinnerungen an Czernowitz, S. 172.
20 Georg Drozdowski, Die Stadt am Pruth, in: Rychlo (Hg.), Cernowitz. Europa erlesen, S. 59.
21 Vgl. Martin Pollack, Nach Czernowitz, in: Deutsches Kulturforum östliches Europa (Hg.), Mythos Czernowitz, S. 4.
22 Ruthenen war vom 18. Jahrhundert bis Anfang 20. Jahrhundert in der Habsburgermonarchie die gebräuchliche Bezeichnung für die Ostslawen des Reiches, die Ukrainer und deren Untergruppen oder eng verwandte Völker.
23 Helmut Kusdat, Habsburgs Osterweiterung, in: Deutsches Kulturforum östliches Europa (Hg.), Mythos Czernowitz, S. 33.
24 Peter Rychlo, Czernowitz als geistige Lebensform. Die Stadt und ihre Kultur, in: Braun (Hg.), Czernowitz, S. 7.
25 Gold (Hg.), Geschichte der Juden in der Bukowina, Bd. 1., S. 167 ff. Auch Yavetz, Erinnerungen an Czernowitz, S. 56.
26 „In seinem mittlerweile klassischen Beitrag zum Verständnis der modernen jüdischen Erfahrung hat der Trotzki-Biograph Isaac Deutscher die Figur des ‚nichtjüdischen Juden' näher beleuchtet und dabei die im Judentum verwachsene Tradition des jüdischen Häretikers nachgezeichnet. [...] Sie waren nicht Teil der organisierten jüdischen Gemeinde, und die meisten von ihnen hatten auch keinen positiven Bezug zur jüdischen Religion oder zur Religion überhaupt. Doch sie verleugneten ihr Judentum auch nicht. Mit Sigmund Freud waren sie ‚gottlose Juden' – Juden, deren Judentum nicht eindeutig in Begriffen wie Religion, Nation oder gar Rasse definiert werden konnte. Genau diese Ambiguität war, wie der Soziologe Zygmunt Bauman bemerkte, auch ein Grund dafür, dass die Juden in der neuen Staatenordnung nach dem Ersten Weltkrieg und ihrer Vorstellung von eindeutigen Definitionen der Nationen auf enorme Widerstände stießen. Gerade weil sie etwa in ihrer Sprache, ihrem Habitus und ihrem Aussehen nicht als die Anderen erkennbar waren, wurden sie in den Augen ihrer Gegner zu besonders gefährli-

chen Feinden.", in: Michael Brenner, Der lange Schatten der Revolution. Juden und Antisemiten in Hitlers München 1918–1923, Berlin 2020, S. 21.

27 Yavetz, Erinnerungen an Czernowitz, S. 163 ff. Die Liste S. 153 stellt 1850 jüdischen 365 polnische, 258 deutsche, 191 ruthenische und 189 rumänische Handwerksbetriebe gegenüber.

28 Nicolae Iorga, Czernowitz, in: Rychlo (Hg.), Czernowitz. Europa erlesen, S. 67 und in: Corbea-Hoisie (Hg.), Czernowitz. Jüdisches Städtebild, S. 119.

29 Helmut Kusdat, Habsburgs Osterweiterung, in: Deutsches Kulturforum östliches Europa (Hg.), Mythos Czernowitz, S. 34.

30 Gold (Hg.), Geschichte der Juden in der Bukowina, Bd. 1, S. 92, 94.

31 Andrei Corbea-Hoisie, Czernowitz, in: ders. (Hg.), Czernowitz. Jüdisches Städtebild, S. 12.

32 Lang, Czernowitz. Ein historischer Stadtführer, S. 78.

33 Gold (Hg.), Geschichte der Juden in der Bukowina, Bd. 1, S. 57.

34 Gold (Hg.), Geschichte der Juden in der Bukowina, Bd. 1, S. 59.

35 Vor allem in der Geschichte der Juden in der Bukowina, Bd. 2.

36 Dieses und die obigen Zitate aus Drozdowski, Damals in Czernowitz, S. 121, 43, 94, 95.

37 Yavetz, Erinnerungen an Czernowitz, S. 16 und zum Folgenden S. 145, 152.

38 Alles kann Motiv sein (1971), in: Rose Ausländer, Die Nacht hat zahllose Augen, 1995, S. 92.

39 Sephardische Juden nennt man jene Gruppe, die bis zu ihrer Vertreibung 1492 und 1513 vornehmlich in Spanien lebten und von dort nach Osteuropa und auch in den Maghreb auswanderten. Aschkenasische Juden nennt man die größte Gruppe der Juden, die mittel-, nord- und osteuropäischen Juden.

40 Der Brief ist im Wortlaut abgeschrieben, ein paar wenige Auslassungen und zwei notwendige Rechtschreibekorrekturen habe ich vorgenommen. Die wenigen Worte, die in Großbuchstaben oder gesperrt geschrieben sind, habe ich in normale Schrift übertragen (etliche Male Agricola-Fonciera und ähnliche, die israelitisch-deutsche Volksschule und die Ortsnamen Lemberg, Budapest, Wien). Im Satz „wo ich auch bis zum Jahre 1918 als Chefbuchhalter und Prokurist tätig war und als unentbehrlich enthoben war", ist das Jahr 1917 eindeutig mit 1918 überschrieben.

41 Moses Mendelssohn (1729–1786) war ein deutscher Philosoph der Aufklärung.

42 Rabbiner Eliezer Elijah Igel war das geistige Oberhaupt der liberalen Juden in Czernowitz zu Anfang der 1870er-Jahre. Die Gemeinde war in zwei Gruppen aufgeteilt, in die der Reformjuden und die der Orthodoxen unter der Leitung von Rabbiner Benjamin Arie Weiss. 1875 bildeten die beiden Gruppen wieder eine Gemeinschaft, mit internen Fraktionen.

43 Élesd, so heißt auf Ungarisch die Stadt Aleșd im Kreis Bihor in Rumänien.

44 Anton Kochanowski (1817–1906) stammte aus einem polnischen Adelsgeschlecht, war Jurist und lange Politiker. Er war Bürgermeister von Czernowitz, Landeshauptmann, Landeshauptmannstellvertreter, Reichsrats- und Landtagsabgeordneter.

45 Christina Onassis ist eigentlich wegen ihres Vaters berühmt. Aristoteles „Ari" Onassis, ein steinreicher, griechischer Flotten- und Fluglinienbesitzer, war der zweite Ehemann von Jacqueline Kennedy. Tochter Christina lebte von 1950 bis 1988.

46 Claire Bloom war eine englische Schauspielerin. Sie wurde 1931 geboren, und als Partnerin von Charlie Chaplin im Film Limelight wurde sie weltbekannt.

47 Metro-Goldwin-Mayer ist eine 1924 gegründete amerikanische Filmproduktionsfirma. In den 1930er-Jahren war sie die größte der Welt.

48 Bernard Shaw, eigentlich George Bernard Shaw (1856–1950) wurde in Dublin, Irland geboren und als Dramatiker berühmt. 1925 erhielt er den Nobelpreis für Literatur.

49 Die Anhängerinnen und Anhänger der Erweckungsbewegung, welche die Ankunft Christi als ganz nah bevorstehend betrachten, die Adventistinnen und Adventisten, teilen sich in verschiedene Strömungen auf. Jehovas Zeugen gehören ebenso dazu wie die Freikirche der Sieben-Tage-Adventisten oder die Weltweite Kirche Gottes.

50 Abwart, schweizerisch für Hausmeister / Hauswart.

51 Holocaust und Shoa sind zwei Begriffe für das Gleiche: Für den deutschen nationalsozialistischen Mord an über sechs Millionen Jüdinnen und Juden zwischen 1941 und 1945. Holocaust kommt aus dem Griechischen und wird vor allem im anglophonen Sprachraum verwendet, Shoa kommt aus dem Hebräischen und wurde durch den gleichnamigen Film von Claude Lanzmann bekannt und übernommen.

52 David Ben Gurion (1886–1973) wurde als David Grün 1886 in Polen geboren, wanderte 1906 nach Palästina aus, war Zionist und Sozialist. Nach der Gründung des Staates Israel war er der erste Premier- und Verteidigungsminister (von 1948 bis 1953). Von 1955 bis 1963 übte er diese beiden Ämter nochmals aus.

53 Gheorghe Gheorghiu-Dej (1901–1965) stammte aus Arbeiterkreisen, war Elektriker und früh Kommunist. 1944 übernahm er das Präsidium der Rumänischen Kommunistischen Partei. Er bekleidete verschiedene Ministerämter, unter anderem war er von 1952 bis 1955 Ministerpräsident und von 1961 bis 1965 Staatspräsident.

54 Henry Jacober, 1918–1994, war ein ungarischer, jüdischer Anwalt in London (nach Gerhard Bobby Schreiber, A tale of survival). Unter dem Titel „Juden zum Verkauf" strahlte der Deutschlandfunk Kultur am 5. Juli 2013 eine Sendung zum Thema aus. Auf der Internetseite des Deutschlandfunks gibt es unter dem Titel „Bizarrer Tauschhandel" nützliche Informationen zu Jacober: „Henry Jacober war ein jüdisch-britischer Geschäftsmann, der Daunen aus seiner Heimat Rumänien importierte. Nach der kommunistischen Machtübernahme 1948 ließ das neue Regime alle Rumänen verhaften, die in Kontakt mit amerikanischen und britischen Vertretern gestanden hatten. Die Briten baten Jacober, Mitglieder des britischen Kulturvereins in Bukarest freizukaufen. Nachdem er erfolgreich deren Freilassung ausgehandelt hatte, sah er die Chance seines Lebens kommen und vermittelte: Er half europäischen Juden dabei, ihre rumänischen Verwandten freizukaufen und in den Westen zu bringen."

55 Wolkenbruch heißt in Kurzform der Film von Michael Steiner (2018) nach dem Roman von Thomas Meyer: Wolkenbruchs wunderliche Reise in die Arme einer Schickse (2012). Der Film sorgte in der Schweiz für Furore. Er war die am meisten gesehene Produktion des Jahres 2018.

56 Corneliu Calotescu (1889–1970) war ein hoher Offizier der rumänischen Armee und 1941–1943 militärischer Kommandant der Bukowina. 1945 wurde er zum Tod verurteilt, später zu lebenslanger Haft begnadigt und dann sogar freigelassen.

57 Johann Anton Freiherr von Mikulicz-Radecki, auch Johannes von Mikulicz-Radecki bzw. Jan Mikulicz-Radecki (1850–1905) stammte aus Czernowitz und war ein deutsch-österreichischer Chirurg und Geheimrat in Preußen. Auf vielen heute eigenständigen Gebieten der Chirurgie leistete er Pionierarbeit.

58 Titu Liviu Maiorescu (1840–1917) war ein rumänischer Rechtsanwalt, Literaturkritiker, Schriftsteller, Philosoph und Politiker. Als solcher war er unter anderem rumänischer Ministerpräsident von 1912 bis 1914. Maiorescu hatte gegen Ende des 19. Jahrhunderts erheblichen Einfluss auf das Geistesleben Rumäniens. Er förderte die rumänische Literatur und gilt als Begründer der rumänischen Literaturkritik. Auch die rumänische Orthografie wurde von ihm reformiert.

59 Iwan Petrowitsch Kotliarewski (1769–1838) war einer der bedeutendsten ukrainischen Dichter des 19. Jahrhunderts. Er gilt als Pionier der ukrainischen literarischen Schriftsprache.

60 Mihail Sebastian (1907–1945), geboren als Iosif Hechter, wurde vor allem durch seine Tagebücher aus der Zeit des Zweiten Weltkriegs über Rumänien hinaus bekannt. Die Veröffentlichung seiner Aufzeichnungen war maßgeblich daran beteiligt, dass eine Debatte über Rumäniens Rolle im Faschismus, im Krieg und im Antisemitismus entstand. Da diese Auseinandersetzung auch die großen, viel gelobten Philosophen Nae Ionescu und Mircea Eliade betraf, die beide faschistischem Gedankengut nahestanden, wurde sie besonders hitzig geführt.

61 Die Nürnberger Gesetze von 1935 (15. September, auch als Nürnberger Rassengesetze oder Ariergesetze bekannt) meinen im Grunde genommen zwei Gesetze: das „Blutschutzgesetz“ und das „Reichsbürgergesetz“. Beim Blutschutzgesetz ging es um die sogenannte Reinhaltung deutschen Blutes. Eheschließungen und Geschlechtsverkehr von Deutschen mit Jüdinnen und Juden wurden verboten. Laut Reichsbürgergesetz durften nur Staatsangehörige deutschen oder artverwandten Blutes die vollen politischen Rechte ausüben. Damit wurden Jüdinnen und Juden, aber auch sogenannte Mischlinge aus der Gesellschaft ausgestoßen.

62 Beizlein, schweizerisch für kleines gemütliches Lokal.

63 Gotte ist der schweizerische Begriff für die Patin.

64 Adelina Oprean, wurde am 3. Februar 1955 in Deva geboren. Seit 1985 hatte sie eine Professur an der Musikhochschule Basel. Laut Margot Ringwald wurde sie „gerade eben“ pensioniert.

Stammbäume der Familien Gottesmann und Türkisch

Familie GOTTESMANN

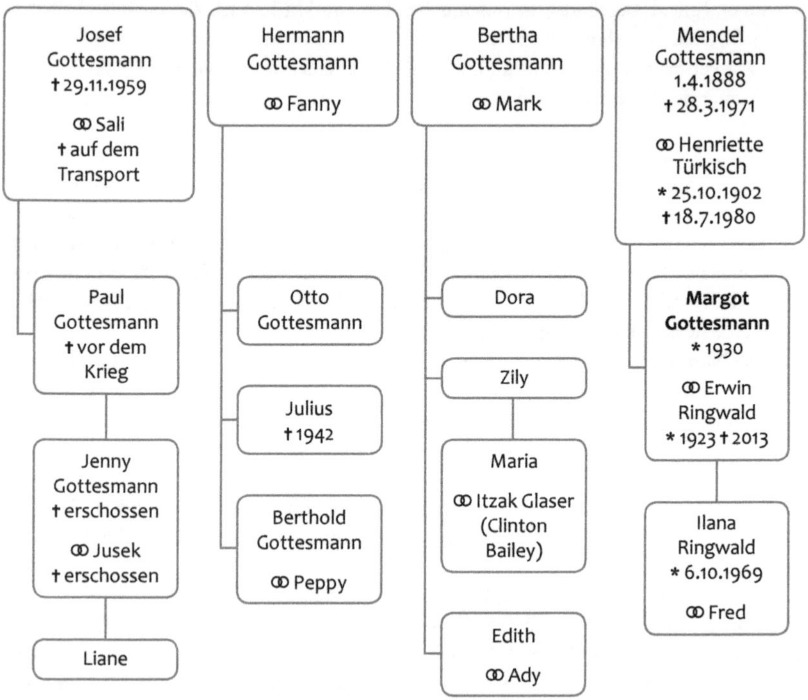

Familie TÜRKISCH

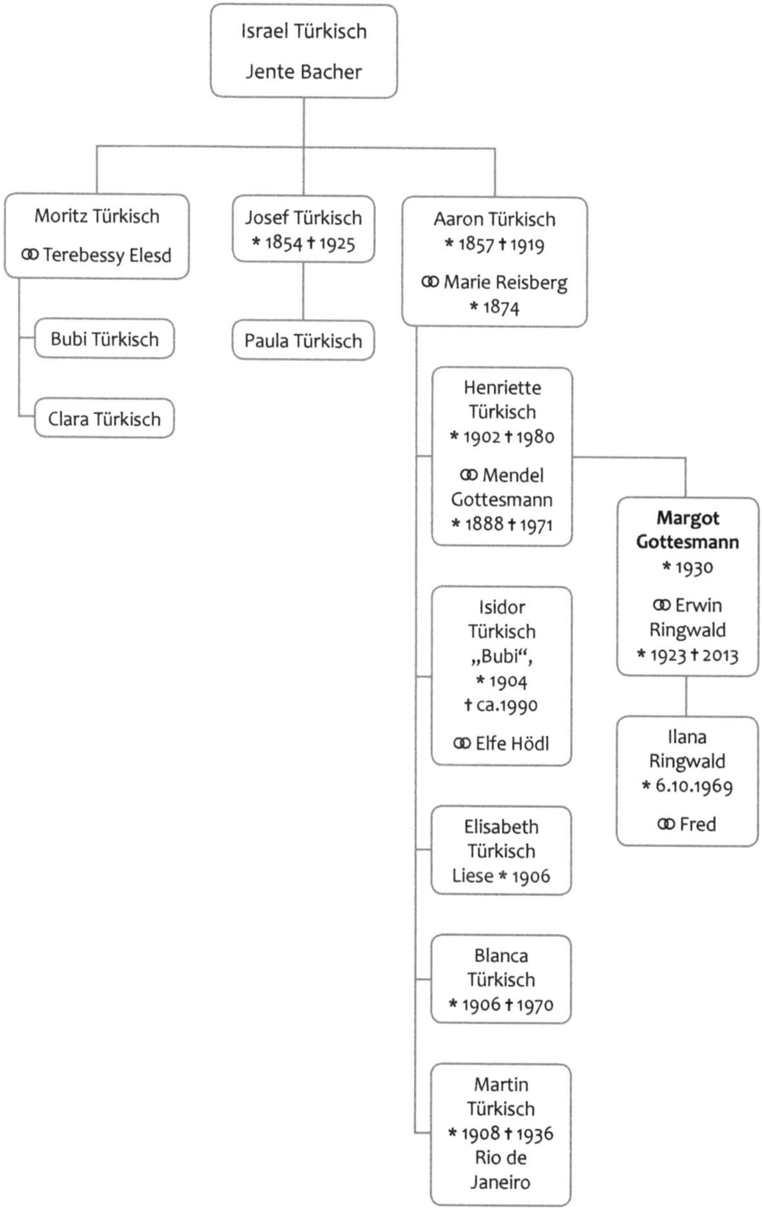

Quellen und Literatur

Gespräche mit Margot Ringwald am:

25. und 26. Januar 2018
8. Februar 2018
15. März 2018
19. Juni 2018
26. November 2018
27. Februar 2019
18. April 2019
11. Oktober 2019
1. November 2019
8. November 2019
22. November 2019
6. Dezember 2019
6. März 2020
5. Juni 2020

Deutsches Bundesarchiv Berlin

NSDAP Mitgliederdatei
BA R 58/75 Sonderfahndungsliste
Sonderfahndungsliste G.B. (= Großbritannien) der Gestapo 1940

Literatur

Bartfeld-Feller, Margit: Dennoch Mensch geblieben. Von Czernowitz durch Sibirien nach Israel 1923–1996, Konstanz 1996.

Bartfeld-Feller, Margit: Nicht ins Nichts gespannt – von Czernowitz nach Sibirien deportiert: jüdische Schicksale 1941–1997, Konstanz 1998.

Beckhardt, Lorenz S.: Der Jude mit dem Hakenkreuz. Meine deutsche Familie, Berlin 2016.

Benz, Wolfgang; Distel, Barbara (Hg.): Orte des Terrors. Geschichte der nationalsozialistischen Konzentrationslager, München 2005–2009.

Benz, Wolfgang: Deutsche Juden im 20. Jahrhundert. Eine Geschichte in Porträts, München 2011.

Berovici-Korber, Mirjam: Was aus ihnen geworden ist. Jüdische Familiengeschichten aus Rumänien, 1855–1995, Konstanz 1996.
Braun, Helmut (Hg.): Czernowitz. Die Geschichte einer untergegangenen Kulturmetropole, Berlin 2005.
Corbea-Hoisie, Andrei (Hg.): Jüdisches Städtebild: Czernowitz, Frankfurt am Main 1998.
Deutsches Kulturforum östliches Europa (Hg.): Mythos Czernowitz, Potsdam 2008.
Drozdowski, Georg: Damals in Czernowitz und rundum. Erinnerungen eines Altösterreichers, Klagenfurt 1984.
Evangelischer Frauenbund der Schweiz (Hg.): Schritte ins Offene, Nr. 1, Februar 1993: Es sind nur die Münder geborgen. Nachrichten über Galizien und die Bukowina.
Gold, Hugo (Hg.): Geschichte der Juden in der Bukowina, Bd. 1, Tel-Aviv 1958, Bd. 2, Tel-Aviv 1962.
Haumann, Heiko: Geschichte der Ostjuden, München 1998 (4. Aufl.).
Heppner, Harald (Hg.): Czernowitz. Geschichte einer ungewöhnlichen Stadt, Köln 2000.
Hope, John; Turner, David: The Curious Case of Dr. Tester. Playboy, Con-man, Nazi-agent and Dr. Mosley's Aide-de-Camp, in: Searchlight 236/237, Februar/März 1995.
Ioanid, Radu: The Holocaust in Romania. The Destruction of Jews and Gypsies under the Antonescu Regime, 1940–1944, Chicago 2000.
Koepp, Volker: Herr Zwilling und Frau Zuckermann, ein Film von Volker Koepp, Deutschland 1999.
Korber, Mirjam: Deportiert. Jüdische Überlebensschicksale aus Rumänien 1941–1944, Konstanz 1993.
Landolf, Walo: Czernowitz. Zeitreise in eine verschwundene Welt. Das Schicksal der jüdischen Bevölkerung in einer menschenverachtenden Zeit, CD, 2005, aktualisiert 2012.
Lang, Raimund: Czernowitz. Ein historischer Stadtführer, Innsbruck 2006.
Lexikon der Wehrmacht, http://www.lexikon-der-wehrmacht.de
Michelbacher, Dallas: Jewish Forced Labor in Romania, 1940–1944, Indiana University Press, Bloomington 2020.
Palty, Sonja: Jenseits des Dnjestr. Jüdische Deportationsschicksale aus Bukarest in Transnistrien 1942–1943, Konstanz 1995.

Ranner, Gertrud; Halling, Axel; Fiedler, Anja u.a. (Hg.): „... und das Herz wird mir schwer dabei." Czernowitzer Juden erinnern sich, Potsdam 2009.

Rudel, Josef N.: Das waren noch Zeiten. Jüdische Geschichten aus Czernowitz und Bukarest, Konstanz 1997.

Rychlo, Peter (Hg.): Czernowitz, Europa erlesen, Klagenfurt 2004.

Schächter, Klara: Woss ich hab durchgemacht, Was ich durchgemacht habe: Brief einer Jüdin aus der Bukowina verfasst in Transnistrien 1943: jiddisch und deutsch, Konstanz 1996.

Schreiber, Gerhard Bobby: A Tale of Survival, unveröff. Typoskript. o.O. und o.J.

Voinea, Andrej: Sanduhr aus Steinen. Jüdische Zwangsarbeiter in Rumänien 1940–1944, Konstanz 2000.

Wolfenhaut, Julius: Nach Sibirien verbannt. Als Jude von Czernowitz nach Stalinka 1941–1994, Frankfurt am Main 2005.

Yavetz, Zvi: Erinnerungen an Czernowitz. Wo Menschen und Bücher lebten, München 2007.

Fotonachweis

Nahezu alle Bilder stammen aus den Fotoalben und Sammlungen von Margot Ringwald. Das Bild der drei Frauen in Czernowitz ist der Schweizer Illustrierten entnommen (Nr. 7 vom 12. Februar 1936, „Das andere Europa. V. Rumänien").

Dank

Margot Ringwald zuzuhören ist eine Freude. Ich danke ihr, dass sie so offen, so ehrlich ihre ganze Lebensgeschichte erzählt hat, und dafür, dass sie mir immer wieder so bereitwillig auf alle meine Fragen eine Antwort gegeben hat. Ich habe von ihr viel gelernt. Und darüber hinaus hat sie einfach eine umwerfend gewinnende Art. So viel Positives. Man sollte so ein Projekt nicht abschließen müssen.

Schreiben ist eine wunderbar einsame Beschäftigung. Man ist mit sich und den sich nach und nach zu Sätzen, Abschnitten und kurzen Kapiteln formenden Gedanken alleine. Die schmiegen sich an oder geben sich kratzbürstig. Manch ein Satz passt nicht sofort, drückt nicht aus, was er ausdrücken soll. Einiges kann man bei einem kurzen Lauf überdenken. Bisweilen braucht es einen längeren. Langsam entsteht die feste Form. Für sie bin ich alleine verantwortlich.

Dass jedoch aus den Texten etwas wird, das gelingt nur dank der Hilfe von ein paar Freundinnen und Freunden. Ich danke ganz herzlich Heiko Haumann für die riesengroße Unterstützung, ihm und den Mitherausgeberinnen Julia Richers und Monica Rüthers für die Aufnahme in die Reihe „Lebenswelten osteuropäischer Juden", den Mitarbeiterinnen und Mitarbeitern des Böhlau Verlags für ihre engagierte Arbeit, Elisabeth Balscheit für das perfekte Lektorat, Evelyn Roth für die professionelle Gestaltung der Fotografien, Erik Petry für die kritische Lektüre und die freundschaftlichen Ratschläge, Oxana Matiychuk vom Zentrum Gedankendach in Czernowitz für die Recherchen und Nachfragen vor Ort, Daniel Jones von der Universität Northampton für die Unterstützung bei der Recherche zu Arthur Tester, Knut Mellenthin für die weiterführenden Auskünfte zu seiner exzellenten ‚Chronologie des Holocaust', Herrn Fischer vom Bundesarchiv in Berlin für seine ermutigenden Tipps, Ilana Ringwald für die vielen guten Worte und die unzähligen Espressi.

Danke für alles, Kathrin, Andrea, Melina und Michi, Marika und Niggi, meine Familie, ohne euch ist alles nichts. Und natürlich Nelù, der jüngste von uns. Ihm gehört die Zukunft, ihm widme ich dieses Büchlein. Nie wieder Krieg!